U0635568

学校课程变革新取向丛书　杨四耕 主编

# 内生性变革

## 学科课程的生成机理

刘玲萍◎主编

华东师范大学出版社

·上海·

图书在版编目(CIP)数据

内生性变革:学科课程的生成机理/刘玲萍主编. —上海:
华东师范大学出版社,2023
(学校课程变革新取向丛书)
ISBN 978 - 7 - 5760 - 3915 - 3

Ⅰ.①内… Ⅱ.①刘… Ⅲ.①小学－课程建设－教学研
究 Ⅳ.①G622.3

中国国家版本馆 CIP 数据核字(2023)第 122288 号

学校课程变革新取向丛书

# 内生性变革:学科课程的生成机理

丛书主编　杨四耕
主　　编　刘玲萍
责任编辑　刘　佳
项目编辑　林青荻
特约审读　薛　莹
责任校对　刘伟敏
装帧设计　卢晓红

出版发行　华东师范大学出版社
社　　址　上海市中山北路 3663 号　邮编 200062
网　　址　www.ecnupress.com.cn
电　　话　021－60821666　行政传真 021－62572105
客服电话　021－62865537　门市(邮购)电话 021－62869887
地　　址　上海市中山北路 3663 号华东师范大学校内先锋路口
网　　店　http://hdsdcbs.tmall.com

印 刷 者　杭州名典古籍印务有限公司
开　　本　787 毫米×1092 毫米　1/16
印　　张　13.25
字　　数　131 千字
版　　次　2023 年 9 月第 1 版
印　　次　2023 年 9 月第 1 次
书　　号　ISBN 978 - 7 - 5760 - 3915 - 3
定　　价　42.00 元

出 版 人　王　焰

(如发现本版图书有印订质量问题,请寄回本社客服中心调换或电话 021－62865537 联系)

# 编委会

主　编：刘玲萍

副主编：黄　瑜　陈　娟　吕燕娜

成　员（按姓氏笔画为序）

古晓兰　刘培刚　肖少诤　何敏珊　张　媚　张益平

陈海涛　陈婉欣　陈琼珊　林　琼　凌国松　葛　艳

如何面对复杂的情境脉络和实践场景,是课程研究绕不开的话题。学校课程变革在理念上应具有深刻的文化性,在目标上应具有鲜明的育人性,在内容上应具有鲜活的生成性,在实施上应具有方式的多维性。课程探究需要整合的方法论视角,要合理地解释和说明学校课程变革,实证的因果分析和诠释的人文理解都是不可或缺的。回到课程实践现场,扎根课程变革场景,是课程研究的智慧。

第一,场景的实在性与研究的主位性。学校课程变革场景具有实在性,其实在性是在诸多课程实践因素及其相互关联中实现的。因此,作为课程研究最直接的现场,场景无需进行抽象的本体论还原,研究者便可以进入主位研究状态,便可以从参与者角度去探讨课程实践及其内蕴的理论。所谓主位研究状态,按照人类学家马文·哈里斯的观点,①就是以参与者的观念为基础,以课程实践者的描述和分析为标准,检验研究者的主位分析的恰当程度,主要是看研究者的专业意见在什么程度上能让实践者感觉有价值、能推动课程品质的提升。课程研究的目的不是从主位研究转换为客位研究,或是从客位研究转换为主位研究,而是实现这两种研究的互释。

第二,场景的整体性与研究的行动性。学校课程变革场景是特定行动所构成的具体情景,它从时空统一上整合了主体与客体、理论与经验、显性与隐性等要素,并通过它们的有序结构构筑了课程变革场景的整体意义。只有将课程研究放在具体实践场景之中考察,立足过程思维,秉持整体观照,才能凸显课程研究的实践立场。进入了课程所发生的场景,课程研究才有可能真正发生,才能够带来理论与实践共赢的整体效果。课程研究在本质上是一种反思性实践,是主动且持续地审视理论、信念和假设的过程,是对场景的整体性理解和行动性体认,其目的是理解实践、改进实践和提升实践。

第三,场景的情境性与研究的叙事性。学校课程变革场景具有鲜明的情境性,课程探究不能脱离具体的学校情境。为此,施瓦布曾提出旨在实现理论与实践融合的实践课程观,倡导课程开发与具体实践情境相联系。② 从研究方法角度来说,叙事研究

---

① (美)马文·哈里斯.文化唯物主义[M].张海洋,王曼萍,译.北京:华夏出版社,1989:37.
② 史学正,徐来群.施瓦布的课程理论述评[J].外国教育研究,2005(1):68-70.

是直面鲜活的课程变革的一种研究方式。通过叙事研究,课程研究能够摆脱概念体系的束缚,从而走向更具活力、更具情境适应性的方法论领域。任何一项课程研究,如果不能进入特定的课程场景,都是无法揭示课程行动的真实含义的。

第四,场景的问题性与研究的对话性。课程是一个永远都不会完美的存在,这预示着场景是具有问题结构的存在。面对特定场景,课程研究是问题牵引的,是参与性的,是田野的。课程研究必须直面真实问题,既关涉理论,又关涉实践,二者在互动中实现融合。在特定场景中,理论与实践是双向融通的,具有对话属性。

第五,场景的特定性与研究的扎根性。课程探究总是处于具体场景之中,总是由特定时空所确证的,场景的特定性展现了课程研究的扎根性需求。法国社会学家布迪厄指出:实践与理论的一个重要差别就是实践具有紧迫性,行动者需要"把身体置于一个能够引起与其相关联的感情和思想的总体处境之中,置于身体的一种感应状态之中",迅速做出决策。① 在特定场景中,研究者以置身其中的姿态思考实践、言说实践、参与实践,洞察课程发生的情境与脉络,在课程现场中进行意见分享、经验概括和理论提炼。秉持扎根研究的态度就是要基于对课程实践的理解,建立适用于特定场景的意见或理论,并反哺课程实践本身。

总之,富有实践感的课程探究,在本体论层面,总是将课程研究主客体都视为在以行动事件或经验事实为核心的场景中互动关联的存在;在方法论层面,总是将现象的与意向的、情境的与规律的等说明与解释都整合到特定场景之中,融合各种方法论的优势解决课程实践问题。

"学校课程变革新取向丛书"彰显了这样一个道理:课程研究的重点是深刻理解特定情境和条件下的课程实践本身,而不是理论推导和逻辑演绎。课程研究并不神秘,我们每一个人都是局内人,每一所学校、每一位教师都是课程研究者和创造者。

杨四耕

2023 年 1 月 15 日于上海市教育科学研究院

---

① (法)皮埃尔·布迪厄.实践感[M].蒋梓骅,译.南京:译林出版社,2012:98.

# 目　录

**第一章**　主体自觉性与童化语文　　　　　　　　　17

儿童是学习的主动参与者,他们的能动性应该成为课程设计中内嵌的育人要求。学校作为课程变革的主体,要以教师为核心,以学生为目的,根植传统,立足文化,直面学校发展定位,主动寻求课程变革。内生性课程变革,不仅要设计目标与内容、社会互动与关系,也要设计学习者的学习能量和学习动机,发展儿童的元认知能力。"童化语文"用儿童的精神去阐释语文,用儿童的文化去观照语文课程,用儿童的生态去构建语文课程,真正让儿童成为学习的主动参与主体,体现了内生性变革的要求。

**第二章**　文化引领性与灵动数学　　　　　　　　　69

内生性课程变革需要学校文化引领。只有处于学校文化的情境脉络中,才能廓清课程变革的本质,真正理解学校的文化品质。学校课程建设既要有为了儿童学习需求的"面",更要有根植于学校文化的"底"。学校文化是学校课程整体性建设遵循的法则,也是内生性变革的内生起点。"灵动数学"是一种课程价值观,也是一种课程实践策略,它以"变"促"动",以"动"促"活",以"活"促"学",聚焦文化,扎根文化,最终培养活泼泼的儿童,重塑知识的学习图景。

# 第三章 内在扎根性与童趣英语

任何理论都有经验事实作为依据,一定的理论总是可以追溯到其产生的原始资料;一个形式理论的建构往往离不开有关的实质理论和大量的事实资料作为背景和基础。内生性变革指向学习者的深度学习、多重体验和实践创造的学习过程,是学校课程变革的核心。"童趣英语"立足于儿童立场,对童心进行解码,力求使课程建设符合儿童身心发展的规律,做到围绕童心,保护童心,用童心对童心,营造具有童趣的课程,实现解码童心,具有鲜明的内在扎根性。

大脑总是倾向于学习整合而有意义的信息。课程不是一种貌合神离的浅层融合状态,而是有条理的、多元素统整的状态。"磁性科学"将有关联性的学科内容进行整合,形成跨学科的实践项目,从课程目标设定,到内容安排,到评价设计,都是基于系统的思维和整体的思考进行构建,此时课程不再是一种各自为营、独自发展的状态,也不再是一种貌合神离的浅层融合状态,而是融合共生的生命状态,足以彰显生命成长的价值。

课程的逻辑聚合性可以使课程内容更紧凑,更具有逻辑性,更符合课程育人的属性。"活力体育"以学科的独立性为前提,对课程内容进行多维、多向的组织,打破学科的固有界限,找出课程要素之间的内在联系,关注知识的应用而不仅仅是知识形式,强调内容的广度而不仅仅是深度。"活力体育"不是一门单一的课程,它所涉及的内容非常广泛,既放得开,又收得拢,可以让儿童拥有活泼泼的生命状态。

## 第六章　转型发展性与创意美术　　　

内生性课程变革是一项系统性工程，它要求领导者具有扎实的实务探究能力、审慎的决策思维、明确的发展定位、清晰的行动路径。学校课程建构关注的不仅仅是既定知识的习得，更支持学习者的创造性表现与知识创生。"让学生有机会寻找新的不确定问题的解决方案，而不仅仅是解答已经得到解决的问题"；"教他们不要害怕未知，相反要充满好奇心"。"创意美术"聚焦学科文化，反映学科之趣、之美，课程不仅仅是从完成学业要求的角度来掌握课程内容，而是要促成学习者的理解性的迁移与创造，从再现性学习走向创造性学习，让学习者成为未来的创造者而非复制者。

## 后记

# 前言

## 内生性变革:聚焦儿童发展的学科课程

学校变革是指在外力、内力驱动下,学校采取一系列方案改变外部环境或内部资源供给模式、教学状态、组织机制等,以帮助学校找寻理想状态,践行所职所能。内生性变革是以学校为变革主体,依据社会发展要求及学校自身实际情况,从学校内部开始的、主动的、积极的、全面的、系统的关于课程与教学的变革和革新。内生性变革的内在动力源自学校内部"自下而上"式推力,是学校为应对社会变革及未来社会对人才要求而自觉、主动进行的基层创新。荔园小学为落实"给孩子一个快乐的童年,给人生一个坚实的起步"的办学宗旨,基于自身"南风荔韵·暖教育"的办学特色定位和培养具有民族精神和国际视野的现代化合格公民的育人目标,开展了触及课程结构的深层次变革。

## 一、内生性变革背景

21世纪面对全面建成小康社会和加快推进社会主义现代化的新任务,面对人民群众要求接受更加均衡和更高质量教育的新期待。然而,当前我国基础教育学校发展现状并不乐观:城乡学校发展差异较大、学校管理体制不够灵活、教学内容不够丰富、学生负担较重、教育教学改革难以深化,学校需要深刻变革。面对时代新要求,学校变革的目标和价值追求应该是培养理想新人,帮助学生实现美好人生、建立现代学校制度等,学校变革就是要把这些目标落实到具体变革实践中。

然而当前基础教育学校变革面临内外部的多重规制困境,从当前变革实践来看,学校变革内容基本是一种基于现状的、被动的微调,变革模式单一,进程缓慢。大多数变革模式是薄弱学校改进、优质学校品牌发展、学校内部管理优化等,是在原有基础上的优化或迭代升级,变革成效不佳。① 整体来看,虽然基础教育学校一直在试图改变

---

① 黄超,代建军.内生性学校课程变革:困境、机理和路径[J].课程教学研究,2021(5):8—12.

困境与取得突破,但是学校变革的成效不大,其效果不能令人满意。原创的变革思想匮乏,来自学校层面的自主创新实践乏善可陈、动力疲软。学校变革模式进程缓慢,多为内部结构、组织分工、学生管理等方面的优化升级,真正的革命性的变化和发展较少。

另一方面,在基础教育领域中,激烈的教育竞争使得教育内卷化程度变高,学校期待的教育目标和实际教育目标发生一定程度偏离,消磨了学校的能动性和创造性,难以培养出具有创造精神和独立个性的学生。学校内部普遍缺乏自主发展、自主变革的内在动力。在我国基础教育学校变革中,政府长期处于主导地位。在自上而下的学校变革模式中,外部力量虽然强有力但缺乏具体、细致的实施方案,且上级的政策要求必须经过学校内部管理系统和人员的充分接纳、调适和重建,才能内化为学校内部的师生教学行为。因此学校难以主动开展学校变革行动,变革领导能力有待提高。加之考试升学压力大、教师各项工作负担重,校长和教师对学校变革普遍采取怀疑或消极抵触态度,以致基础教育学校变革行动迟缓,甚至趋于保守。

当前,教育治理已成为基础教育领域的热点话题。作为政府、市场主体、学校、社会组织、公民个体等主体共同参与管理教育公共事务的活动,"多元共治"是其基本与根本特征。教育治理之所以必要,在于以多元参与去解决政府主体的过度行政化(或者说政府失灵)和市场主体的过度商业化问题,去对冲权力的僵化和资本的逐利对于教育的负面影响。对于教育治理的主要内容,我们要把教育治理视为多元共治、学校自治、政府元治(元治理)、厉行法治的有机统一。

## 二、内生性变革的意义

### (一)重塑学校精气神

在纷繁复杂的内生性变革中,塑造一所学校的精神和灵魂是核心,脱胎换骨式焕发生命活力的学校课程变革很多时候只存于理论工作者的理性建设和计划之中。但学校精神的追求是永恒的事业和理想,并不能因为任务的艰巨而放弃这种伟大的追求。为了实现荔园小学"让每一颗童心都灿烂"的办学理念,就要改变过去那种过分注重人的所谓全方位的、外在的、物化的、培育单向度人的价值取向,转而注重学校精神层面的建设,也就是使得人之为人的内在精神气质得以发展。一所好的学校应该是以教化为中心,建构良好的精神气质。荔园小学的内生性变革指涉对心灵的形塑,指向心灵的完善;激发学校中每一个人对比自我更高、更完美的东西的追求;努力提升每一个受教育者的精神品质,激励他们以生命价值形态的姿态对肉身形态的超越,谋求个体在世界中的合理、幸福的生活。也就是说,荔园小学的课程内生性变革精神能够召唤学校的教育者和管理者为了学校的发展而真诚工作与奉献,也让受教育者能够有自主决定、自由选择和积极参与教育活动的权利和责任。

### (二)保护个性多样化

个性的载体是学生,其内涵性特征是差异,这意味着教育应当符合人的差异化的需求和规律。"因材施教""有教无类"本是教育活动不可辩驳的基本理论和原则,然而在具体的教育活动中,"如何将尊重差异与实现教育公平相统一"却一直是困扰理论工作者和实践工作者的难题。荔园小学的内生性变革精神理念认为:不同个体之间的个性差异是客观现实,也是教育活动得以实施的前提和基础。因此,本校的内生性课程变革,致力于正视和尊重个性差异。

### (三)创新学习组织力

学校作为教育活动最重要的场域,其理想状态应是一个"学习和道德共同体",为学生提供良好的身心成长环境,创设自由、轻松、民主的氛围,以满足多元化需求,让学生在多元化、可选择的学习过程中产生愉悦感、成就感以及自由感,而这种主观体验都需要在基于合作与共生的学习型组织中创造与感受。基于此,荔园小学内生性变革致力于构建合作与共生的学校组织,因为只有建立这种扁平式的学习型组织,内生性变革的实现才具有了真实强大的运行载体。

### (四)激发教师诗意化

在学校教育活动中,教师是最主要的教育者,不论是何种变革,如果没有教师群体的支持和实践,如果未能在教师这一基于正义的学校教育变革新"意义"群体中唤起共鸣,转化成教学劳动,那么所有课程变革都注定以失败告终。荔园小学的课程内生性变革,可以让教师不仅仅具备良好的职业资格与专业素养,同样重要的是,让教师充分扮演好"教师"所应承担的伦理角色。即教师在教育活动中会以人为本,尊重学生的个性和差异,并且能够对学生抱有仁爱之心,做到宽容、理解和相信,对教育事业有一种诗意的热爱和追求。而这种诗意的追求、追求诗意的教师生活,正是荔园小学内生性变革的意义所在。

## 三、内生性变革的特性

当课程改革碰撞到复杂的学校教育场域,必然会产生一系列与变革相关的问题,而问题正是通向更加深入的变革途径。我们应当从学校自身需求的各个维度出发,主动应对课程改革的问题,抓住内生性学校课程变革中学校本位发展思想、多元课程融合理念和教学运行革新实践的特性,对"主体自觉""文化引领""内在扎根""元素统整""逻辑聚合""转型发展"的六条机理作具体分析。

### (一)主体自觉性:激发内力,驱动自主自导学习

学校课程建构强调激活学习者对于自身的学习经验与生活历程的把握与引导,关注学习者的能动性与自主选择,从而实现为学习者赋权。学校作为课程变革的主体,要以教师为核心,以学生为目的,根植于学校已有传统,立足于学校的教育理念,直面学校的发展定位,主动寻求课程变革,由学校内部开始进行全面而统整的课程革新,根据自身特点寻找到自己最佳的发展模式。

学生是学习活动的参与主体,不只是被动地回应教师的决策与要求,学生能在他们过去的学习经验和未来的学习渴望之间建立联系,促成他们在当下采取行动。因此,学习者的能动性就成为课程设计中内嵌的育人要求。课程的内生性变革,促进课程改革发展学习者的自主自导的能力,课程建构需要充分考虑这方面的设计与发展。学校课程设计不仅要设计目标与内容、社会互动与关系,也要设计学习者的学习能量源泉与引擎——学习动机,要保护并调动学习者的学习兴趣;学校课程设计还要有意识地发展学习者的元认知能力,即从关注"学习什么"到"怎样学",能"实际上把控自己的认知并且做出调整";学校课程建构也要为学习者提供"深层学习策略",帮助学习者发展认知策略——如认知演练、精细加工、系统组织的策略;元认知策略——监督与调整自身的记忆、理解过程的策略;以及资源管理的策略——整顿学习的资源与环境的相关策略。① 学习者要面对灵活多变的世界,必须发展一种可持续的、自主自导的学习能力,能够预期、选择与判断,也能行动、实践与反思,以此来发展能够应对所发生

---

① 隋洁,朱滢.学习动机和学习策略与知识获得的关系[J].中国心理卫生杂志,2004(5):345—347,332.

的一切事情的活的知识。

**（二）文化引领性：聚焦文化，重塑课程知识图景**

学校作为课程改革的主战场，其内部的文化因素自然与课程改革密不可分，二者相互制衡，即学校课程变革虽受到学校文化牵制，但同时又必须与其相契合。内生性课程变革需要学校文化引领正确价值观念，是对学校文化的传承与创新的过程。

文化是一个国家乃至一个民族的灵魂，通过先进的文化教育提升思想认识，培养创新人才，进而促进文化自信、文化传承与社会发展。"文化引领"一词在 2012 年的《引领文化与文化引领》中正式提出，将社会主义文化建设作为一个整体展开研究，阐述了文化建设的目标定位与价值功能。党的十八大以来，在习近平文化观中深刻阐释了"建设和发展中国特色社会主义文化，实现传统文化的创造性转化、创新性发展"。在党的十九大报告中，进一步明确指出"要坚持为人民服务、为社会主义服务，坚持百花齐放、百家争鸣，创造性转化、创新性发展，不断铸就中华文化新辉煌"。

在学校的教育系统中，无论是客观存在的学校教育，还是学习的主观受教育者，或是具体的学校活动，都置身于历史文化的范畴当中。只有处于学校文化的脉络中，才能廓清课程变革的本质，真正理解学校的文化品质。学校课程建设需要文化引领，既要做出"为了学生需求课程"的"面"，更要有"根植于学校文化"的"底"。学校文化是学校课程整体性建设遵循的法则，也是内生性变革的内生起点。①

**（三）内在扎根性：解码童心，雕琢课程活动魅力**

扎根理论是由美国学者格拉斯和施特劳斯于 20 世纪 60 年代末创立的一种建构理论的方法。扎根理论的基本理论前提是：任何理论都有经验事实作为依据，一定的理论总是可以追溯到其产生的原始资料。通过在不同的实质理论之间寻找相关关系，建构涵盖多种不同实质理论的、概念密集的形式理论。② 一个形式理论的建构往往离不开有关的实质理论和大量的事实资料作为背景和基础。强调教法与学法的革新，扎根课程理论，根据课程的内生性，发生变革，指向学习者的深度学习、多重体验和实践创造的学习过程，成为学校课程变革的核心。扎根已有经验作为依据的理论，结合学校课程的内生性变革机遇，根据学生个性需求、学校传统文化和知识课程逻辑，在已有

① 黄清."扎根理论"及其在课程建构中的运用[J].教育评论,2008(1):147—150.

② 陈向明.扎根理论在中国教育研究中的运用探索[J].北京大学教育评论,2015,13(1):2—15.

的教学基础上正确理解课程目标和内容,实现有效教学维度的突破,推动教学策略、教学方法、教学手段、教学模式等方面的开拓与研发。

《辞海》将"童心"定义为:儿童的心情。教育家李贽在其著作《童心传》中对"童心"做了如下阐述:"夫童心者,杜假求真,最初之念之本心。如失童心,便失真心;失真心,即失真人。"[1]这段话的意思就是:人类最本真和最起始的心态即为"童心",童心具备自然率真、开朗阳光、活泼好动、勇于创新、乐于探索的特点。活泼好动是每个孩子的天性,小学的学生年龄都比较低,小学课程的开展必须充分考虑到学生的特点,珍视孩子的童心,营造趣味的小学课堂,同时趣味课堂教学的开展对于学科教学的开展也具有重要的意义。因此作为课程开发教师,要开动脑筋,从儿童的视角出发设计课程教学,通过各种教学方法,营造趣味课堂,守护学生的童心童趣。但是在实际课堂教学中,教师容易从成人的视角来设计开展教学,以致儿童在课堂中被迫"成长"。课程改革要做到围绕童心,保护童心,用童心对童心,营造具有童趣的课程。

**(四) 元素统整性:融合共生,彰显生命成长价值**

自 20 世纪美国提出 STEM 教育以来,培养科学、技术、工程和数学的综合性人才受到极大重视,人才的培养增强了美国在全球化进程中的竞争力,提高了科学和工程类创造的财富占比。在政策、财政的高度支持下,美国设置了 STEM 课程来培养专门人才,随着对该领域研究逐渐加深,发布了《本科的科学、数学和工程教育》纲领性意见,出台了《准备 STEM 教师:全球竞争力的关键》等文件,尤其是 2011 年发布的《K-12 科学教育的框架:实践、跨学科概念与核心概念》,提出"科学和工程实践、跨学科概念、学科核心概念三个维度内容",实现了基础教育阶段科学课程的改革。从"校本课程"到"学科链""学科群"再到"学校课程体系",我国学校课程的构建走过了从局部调整到整体架构的过程。[2] 因此,在统整理念的视角下,进行学校课程体系构建研究具有必要性。在 STEM 教育理念迅速发展的影响下,科学课程作为 STEM 落地的主要渠道,寻找适合我国小学生科学学习的新课程设计方式十分重要。尤其在新课程标准提出将"科学探究"转为"课程实践",增加了"技术工程领域"板块,在对比"科—数"

---

① 邹自振.李贽的"童心说"与汤显祖的"情至说"[J].福州大学学报(哲学社会科学版),2009,23(1):64—69.

② 魏晓东,于冰,于海波.美国 STEAM 教育的框架、特点及启示[J].华东师范大学学报(教育科学版),2017,35(4):40—46,134—135.

"科—技"的整合之后,发现科学与工程的元素整合是解决问题的开端,是巩固学科核心知识、设计创造的有效途径。与此同时,"科—工"整合培养的人才具有综合性、创造性以及接受失败和反思的能力,符合具有科学素养与工程素养人才培养的要求。

学校课程体系构建亦然,即通过统整各种课程,包括已经形成的统整课程,为学生提供更为宏大的知识图景。从知识发展史看,知识原本是一个统一体。随着知识几何式的增长,人们不得不分科而学,课程由此诞生。但是伴随着人们认知水平与认知能力的逐渐提高,人们越来越觉得凭借单一知识并不能适应这一完整的社会,追求知识的全部开始成为新的需求。心理学家凯恩经过对大脑与学习问题的研究,发现大脑拒绝学习分散、孤立且无意义的信息,更倾向于学习整合而有意义的信息。詹姆斯·比恩曾以"拼图游戏"来说明统整课程的深刻内涵:"想象一下玩拼图游戏的情景,当一堆图块呈现在眼前,通常人们必须先有一个图像作为指引。个别的图块也许毫无意义,只有当这些图块被组合起来时,它们才会显现出意义来。"学校把握课程变革内在特点,根据学生的差异性,突破整齐划一拼盘式的课程体系结构,适当运用"减法"思维,通过学校课程规划把不同类别、形态或不同阶段、年级的课程进行融合或承接,将零散的科学课程串成一个有机整体,避免无效的课程干扰课程统整的视线,以加强课程建设的合理性,切实提高课程质量。对课程进行体系化思考与体系化建设,是基于系统的思维、整体的思维进行审思与构建,课程不再是一种各自为营、独自发展的状态,也不再是一种貌合神离的浅层融合状态,而是一种有条理的、多元素统整的状态。此时的科学课程体系也由单纯的融合走向了所有课程的共栖共生,只有所承担知识内容的不同,而没有课程高低贵贱之分,课程的"涓涓细流"终汇于"汪洋大海",充分发挥了课程的元素统整性功能。

**(五) 逻辑聚合性:遵循逻辑,构建科学育人课程**

事物的周期逻辑性是宏观层面上的定义。课程教学计划的周期逻辑性表现在它有系统严谨的,循序渐进的,符合课程设置、教学内容、学生身心发展规律的设置要求。课程改革的内生性变革触发了课程的逻辑聚合性,例如体育课程,逻辑性可以使教学内容更完整,避免教师在教学中的"信手拈来"。教学计划的周期逻辑性可以使教学的评价更具有直观性,在教学中多元的教学评价使得教学中的体能评价更直观,学生的可比性更强。无论初始评价、过程评价、终结性评价都有了较直观的表现,能很好地反映学生的进步幅度。教师在教的过程中会有更系统的评价体系,包括每年的《国家学生体质健康标准》国家数据库的上报工作,都会建立起详尽、系统的档案。教师可以建立起年级班级档案,慢慢地随着教学计划的周期逻辑性的成熟,甚至可以建立起学生个人从小学一年级到中学九年级纵向的体育数据档案,包括学生的身高、体重、肺活量的年变化档案,到体质健康档案,都在教学计划的周期逻辑性的前提下日臻完善。建立积极的教师导向机制,使中小学体育课的教学呈现出健康的态势,对体育教学实施有效教学、提高课堂质量有着重要的意义。

逻辑聚合性在课程教学计划和教案中的运用会给体育教学带来具体的理论指导,从而得到事半功倍的教学效果。例如:在《义务教育体育与健康课程标准》《国家学生体质健康标准》的指导下,中小学体育教材提炼出符合当地实际情况的、从水平一到水平四的课程内容。充分发挥团队的合作精神,与熟悉中小学体育课程内容、充分掌握新课程改革理念与方向的管理者和基层体育教师一起,建立起从小学一年级到中学九年级上学期严密衔接在一起的大周期教学计划,落实到每一节课的教案。同时,较强的学科逻辑性使教学内容的安排更科学、更合理、更符合学生的发展。这样不仅可以注意到中小学体育课程内容上的衔接,可以减少因课程设置不合理而出现的教学内容重复、单一、运动技术技能水平较低等现象,兼顾在以学生发展为中心时使学科体系保持完整化,还可以在整合的基础上,加强学科之间、课程内容和个人需要和兴趣之间、课程内容和校外经验之间的广泛联系。课程标准中分别列出了运动参与、运动技能、身体健康、心理健康、社会适应五大学习领域的水平目标。

**(六) 转型发展性:教学转型,借助课程发展创造**

内生性学校课程变革是一项系统性工程,它要求领导者具有扎实的实务探究能力、审慎的决策思维、明确的发展定位、清晰的行动路径,即领导者要具备"发展性"课程领导思维。培养"发展性"课程领导思维,是适应教师教育改革与发展的大趋势,塑造的是学习型校长和教师,展示的是课程领导的专业化提升。学校课程建构关注的不仅仅是既定知识的习得,更支持学习者的创造性表现与知识创生。不仅仅只是从完成学业要求的角度来掌握课程内容,而是要促成学习者的理解性的迁移与创造。保罗·弗莱雷曾探讨教育的意义,指出"做出行动并改变世界,以便朝着个人和集体生活更富裕的新可能性迈进",这是学习的重要命题。在这个意义上,真正有价值的课程建构要帮助学习者在面对不确定的未来挑战时,能"参与世界、改变世界",这是深度学习对于学习本质的思考,也是新课程导向下指向联结的、迁移性的、能够进行问题解决的课程建构的根本。① 从本质上而言,学习是从已知走向未知、从继承走向创造的探险,是通过学习现有的内容来获得一种全息的能力,以此在新情境中运用自己的思维能力并改变世界的历程。如果学习不只是再现和重复记忆,而是迁移、应用与现实世界的联系;不只是遵循教师的要求,而是赋能性与个性化的参与;不只是外在的勉强,而是精神上的共鸣与兴趣驱动;不只是认知性的技艺活动,而是人性与伦理关系建构的内在需求,那就必须从再现性的学习走向创造性的学习,让学习者成为未来的创造者而非复制者。罗斯格德曾就打破循规蹈矩的学校教育而创造一个丰富多样的学习环境提出建议:"以'是什么'为出发点转向'可能是什么'的思维方式","让学生成为问题设计者";"提一些让学生可以参与的问题,而不仅仅是让他们按照要求去做";"让学生有机会寻找新的不确定问题的解决方案,而不仅仅是解答已经得到解决的问题";"教他们不要害怕未知,相反要充满好奇心","学习就是一项终身冒险的活动";"认识到创新和创造力早已是人类 DNA 的一部分"。如此种种,都意味着我们要重新想象和建构课程与学习,对"惰性"的基础教育说"不"。

## 四、内生性变革的成效

### (一) 内生变革,激发活力

课程的本质是师生拥有自己的思想,通过课程载体浸润在体验和分享之中,不断进行思维的碰撞,迸发鲜活和创新的火花。课程是孩子从自然人走向社会人的载体,丰富多彩的课程就像孩子精神生命成长过程中所需要的"五谷杂粮",孩子徜徉在其中,享受滋味,吸收养分,在不同的跑道上自由奔跑,快乐成长。课程建设实施的过程是一个复杂、整体的动态过程,涉及教材的调整、组织方式的改变、知识内容的拓展等多个方面,是学校层面的"再加工"过程。基于以上认识,荔园小学自 2015 年以来,从丰富学生生命成长的角度出发,一方面采用系统整合思维进行上位思考,根据国家课程三级管理的政策、课程开设要求及学校发展需要,重构课程体系;另一方面,大胆整合社会优质资源,开设丰富的校本特色课程,促进学生个性特长发展。最终形成"童化语文""灵动数学""童趣英语""磁性科学""活力体育""创意美术"六个课程。

---

① 于向阳.保罗·弗莱雷的教育思想评述[J].华东师范大学学报(教育科学版),1995(3):51—60.

"童化语文"是用儿童的精神去阐释语文,用儿童的文化去观照语文课程,用儿童的生态去构建语文课程,使小学语文成为真正的童化语文。在这"以童化之"的课程建构之路上,儿童精神得以彰显,童年生活得以丰盈,童年的内涵得以延展,童年正成为人一生成长的力量。小学语文是童年的语文,应该让儿童成为儿童,让童心回归课堂,用母语滋养童年。因此,小学语文教学要以儿童为中心,关注儿童的语言发展和思维方式。正如卢梭在《爱弥儿》中说:"大自然希望儿童在成人以前就要像儿童的样子。如果我们人为打乱这个次序,就会造成一些早熟的果子,他们长得既不丰满也不甜美,而且很快就会腐烂,我们将造就一些年纪轻轻的博士和老态龙钟的儿童。"可见,小学语文教学应该坚守"童本"取向,摒弃教师"知识垄断者"的地位,让学于"童",尊重儿童的个性,聆听儿童的声音,从儿童的视角组织教学,让儿童充分参与课堂教学中,让"童心、童趣"滋养课堂,让课堂充盈着儿童味。

　　"灵动数学"面向全体学生,适应学生个性发展的需要,在课程实施过程中,以"变"促"动",以"动"促"活",以"活"促"学",最终培养活泼、有灵性的学生。教师注重激活学生学习兴趣,充分发挥学生的灵活性思维,进而取得较好的学习效果,让学生获得成功的体验;重视对学生的学法指导,让学生把知识转化成能力,从"学会"到"会学"。"灵动数学"倡导师生平等、合作、交流。在学习中,教师一方面要给学生创新的时空,挖掘学生主体中出类拔萃的灵性,另一方面,要给学生心理的自由,让每一个学生的灵性都得到生动活泼的释放,他们的智慧火花才得以闪现,他们的各种能力才会得到全面发展。

　　"童趣英语"课程设计立足于儿童的立场,对童心进行解码,力求使课程建设符合儿童身心发展的规律,珍视儿童的精神生活,在合适的时间选择恰如其分的活动材料,革新具有趣味的英语课程。基于儿童学习机制的"童趣英语"课程创设,就是依托儿童心理学,关注儿童的学习心理,真正引发儿童学习的发生、发展和结果的课程创设,力求改变学生的学与教师的教,最终提升儿童的核心素养及教师的专业发展。

　　"磁性科学"课程在学校文化的引领下,没有走常规的发展专项的道路,而是尊重每一个孩子独特的个性,为每一个孩子的成长需要提供平台和机会,促进他们个性与人格的健全发展。在新课程标准中,着重强调了科学学科对学生成长的重要性,"磁性科学"课程设置重视激发学生的好奇心,推动学生将好奇心转化成求知欲,进一步培养他们的科学思维能力、动手实践能力和创新能力。每个学科都不是孤立存在的。科学学科与其他学科之间存在千丝万缕的联系,在课程设置中,将有关联性的学科内容进行整合,形成跨学科的实践项目,全面提高学生的核心素养。从课程目标的设定,到内容的安排,到评价的体系,都是多元化的,例如课程内容涵盖了3D打印、无人机、建筑模型等。课程旨在鼓励更多有兴趣、有条件的学生参与科学探究,充分挖掘其潜能,促进学生创新思维和动手能力的提升。"磁性科学"课程倡导跨学科的学习方式,将科学、技术、工程、艺术、数学有机地融为一体,以项目学习、问题解决为导向组织课程,例如创客课程、3D打印、电脑机器人课程等。这种多学科的融合,有利于培养儿童的创新能力。

"活力体育"在课程的逻辑聚合性强调下,以学科的独立性为前提对课程内容进行多维、多向的组织。打破学科的固有界限,找出课程要素之间的内在联系,关注知识的应用而不仅仅是知识形式,强调内容的广度而不仅仅是深度。这或许可以让体育教学工作者理清思路,明白其中的逻辑关系。基于此,学校在新课改教学理念的引导下,对体育课程进行跨学科整合,构建"活力体育"课程,让学生在课程中享受乐趣、增强体质、健全人格、锤炼意志、增长知识。开发活力体育课程,着重体现学生的主体性,不仅丰富了学生各方面的体验,发展了学生的多种能力,也为体育活动赋予了更丰富的内涵。

"创意美术"课程注重综合性,培养学生的人文精神;注重创新美术思维的培养,启迪学生的科学精神;注重构建分层创意美术课程,培养学生的终身学习能力;注重创意美术课程的愉悦性,塑造学生健康的人格;注重引导学生关注身边事,培养学生的责任担当意识;注重拓展体验式创意美术课程,培养学生的综合素质。"创意美术"课程科学地将学科知识、学科活动融为一体,聚焦学科精神、文化,反映学科之趣、之美,从而培养学生的核心素养。创意美术的价值追求是让每一个学生拥有发现美的眼睛、感受美的心灵、创造美的激情。将美术课程与学生的生活相结合,让学生不断地刷新对世界的认知及新鲜感,增强他们对美术学习的积极性,提升审美能力和创新能力。

## (二)课程变革,惠及师生

荔园小学的课程建设实施,在传承已有办学经验的基础上,对课程进行内生性变革,既实现国家课程的教育目标,又充分彰显我校自身的课程实施特色,满足全校学生的发展需求,使学校在学科课程领域取得更好的成效。

1. 点燃学生内驱力，让学生自觉成长

荔园小学内生性课程最主要的突破口是改变学生的学习方式，由过去被动、机械、僵化的学习方式变为主动、合作、探究的学习方式。教师发动全体学生分析问题、解决问题，实行探究式的学习方式，学生的主动性、积极性得到充分发挥。在激烈的争论分析中，既解决了问题，又学到了知识。内生性课程变革还包括转变课堂评价方式，将评价落实到每节课上，学生的课堂表现、组内行为、人际关系处理等都是评价的重要内容，学生可以自我评价，小组内部也可以互评，让孩子们在了解自我的同时，学会如何遵循规则。不仅如此，教师还通过各种形式把学生的提问，搜集的资料，做实验的过程等材料信息记入学生的档案记录袋，大大激发了学生的学习动力，把课下课上的每一环节都做得很认真、很投入，从而强化了学习过程，间接影响了学习结果，使学生的各种技能和能力得到广泛培养和提高。

在荔园小学内生性的课程要求下，教师充分发挥主体自觉性，在课堂上留给学生充足的时间进行了解、讨论与实践，全程关注学生的思维方向，并进行点拨，力图"让课程在问题的解决过程中进行，让学习在探索问题的路途中发生"。不仅如此，教师们还会成立合作小组，在课堂教学中，让学生当小老师去"教"其他同学。四人小组共同处理教材中的"观察与思考""资料分析"等内容中的讨论题，互相问，互相教，最后总结本小组的共同的想法。在教师的引导下，同学们共同分析、逐个排除不准确或不恰当的原因在哪，最后由学生把这个问题讲解清楚，彻底改变了过去由教师给出正确答案，学生只机械记忆的学习方法。既减轻了教师的负担，又锻炼了学生的能力，充分发挥了学生的主观能动性和创造性。

内生性课程变革充分保证和发展学生主体活动的空间，允许不同层次的学生有相对独立的学习空间。从培养学生自学能力的角度出发，扩展学生的自我活动空间。例如，在小组合作讨论、实验、探究过程中，教师在指导时要根据学生的情况进行，实施分层次教学，缩短讲授时间。学习的空间，小组讨论的空间，实验室、社会实践基地以及大自然等空间，都成为教师备课的一项内容，通过对它们进行构思、加工和布置，使这些资源充分为教学和学生所用。不仅如此，内生性变革实施以后，荔园小学设立"好书推荐墙"，每月更新教师的读书心得；正厅巨型立体线装书设计，渲染荔园小学浓郁的书香氛围；篮球场边的阅读书吧、藏书6万册的校园图书馆、走廊宽阔地带的3个开放式书吧、8个小书吧和24个班级读书角，让每一位走进荔园小学的师生随时有书读，随处可读书,营造了润物无声的阅读活动空间。

自 2015 年实行内生性课程改革以来,荔园小学学生在全国省市区的各项比赛中均获佳绩,参加"科技""书法""绘画""音乐舞蹈"各项活动获奖人数众多,其中包括广州市体育传统项目学校游泳比赛、篮球比赛、区游泳比赛和区击剑锦标赛等。荔园小学学生李芊烨于 2021 年参加"黄埔好少年"大赛,从 1 500 名参赛学生中脱颖而出,荣获一等奖,充分体现我校重视学生主体性,多元发展的育人理念。

2. 激发教师内动力,建立共同愿景

内生性的课程改革不是简单地在原有的教学方法上修修补补,而是一场深刻的教育观念的革命。这对教师的自身素养提出了更高的要求。习近平总书记在中国人民大学考察调研时强调培养社会主义建设者和接班人,迫切需要教师精通专业知识。在新时代,荔园小学深入贯彻落实习近平总书记的要求,弘扬优良传统,聚焦"独树一帜",遵循教育规律,着眼"四个服务",用不停前进的教师队伍促进内生性课堂在荔园小学生根发芽,着力从一个个小群体切入,培育、涵养有温度的学校文化,再辐射到学校整体的制度建设与文化建构,促进教师自身的专业化发展。与学生契约相似,荔园小学以教研组、备课组为基础,形成了联系紧密的教师学习小组。小组成员们聚焦内生课堂建设,以老带新,互助成长,力图打造教学有实绩、教研有深度、教师讲团结的优秀学习型教研组。

学校近几年加入了很多年轻教师,教师学习小组内部促成师徒结对,并形成备课机制,鼓励先备后听,先听后上。以赛促教,以赛促研。以语文备课组为例,组内年轻教师都为自己量身制定了听课表,不仅每周听"师父"的课,还经常同伴互听,听时做笔记,听后有反馈。"每一位教师都会把自己的理解毫无保留地讲出来,成员们往往就一个细节提出七八种意见。"语文科组长张娟老师介绍,"教师们就是这样从每一次备课开始,努力把每节课都做成精品课。"

在内生性课程改革的高标准严要求下,青年教师奋发图强,老教师也丝毫不放松。在常规备课任务之外,老教师仔细研读课程标准,把关教学重难点、把控教学方案的制定,与年轻教师一同讨论修改课程规划、整理教学反馈,提升小组整体教学水平。经过共同努力,全校教师积极参加各项比赛,在省市区各大教学比赛中脱颖而出,2015 年以来参加教师教学比赛和班主任技能大赛、基本功大赛等基础教育竞赛获得荣誉的教职工占教师队伍总人数的 40%,其中,2021 年荔园小学参与广州共享课堂录制 5 节课,10%的教师获得录课任务。同时,科学学科主讲老师陈海涛在全国范围教材培训中作新教材在线培训,音乐学科王雅静老师的基础精品课获得省优,并推送参加国家级精品课评选。2021年11月,荔园小学获得"广州市黄埔区校本培训示范基地学校"称号,体现了实行内生性课程改革后,学校师资水平的高速提升。同时,教师们还立足中国教育学会"十一五"重点课题,成功立项省、市、区、校级多项课题,发表论文三十余篇,教师们带着课题研究,带着需求学习,带着问题实践,力求把每一个课题成果转化为教学实效,不断提高课程建设的层级。2022年3月,荔园小学成为广州市中小学深度教学课堂改革实验项目试点学校,这一切都充分展示了青年教师教书育人的理想信念和与时俱进的工作作风,共同书写了内生性课程改革新篇章。

**(三)经验推广,辐射周边**

内生性课程改革是学校个性特征的体现,是学校发展动力的源泉。从2015年开始,荔园小学以内生性课程建设为突破口,推进学校的整体改革和发展,以关注人的"成长"为核心,建构以"成长"为价值取向的学校文化,形成了独特的教育特色,荔园小学发挥老牌名校辐射作用,以争做改革先锋的责任担当,充分发挥示范引领作用。一方面,荔园小学参与2022年国家乡村振兴重点帮扶县基础教育人才项目计划和2022年黔南州东西部协作(长顺县基础教育人才专项计划),以推广我校先进的建设经验,输送我校教师开展异地支教、直播教研会议等。我校还接受广东省"粤东粤西粤北地区全员轮训"茂名小学美术教师培训班50位美术教师到校跟岗,为来自全国各地的骨干校长教师提供多元的学习机会,推广内生性课程变革的先进经验。

另一方面,为助力黄埔区"基础教育课程改革"实验项目,塑造健全人格,鼓励学生主动学习,荔园小学构建学校的暖记忆课程,设置了41门走班制选修课,广州日报、羊城晚报、信息时报、广州黄埔教育等具有广泛影响力的媒体争相对学校的课程变革做法进行深度报道。其中生活技能类课程包括礼仪茶道、编织、烘焙、烹饪、口语交际等,深受学生喜爱。2022年,41门选修课在原来四大板块的基础上加入了劳动课程,结合劳动课程标准的要求精益求精,力图让学生感受劳动的乐趣,让学生在劳逸结合中获得健康、全面的发展。

不仅如此,荔园小学刘玲萍校长成立广州市名校长工作室,葛艳、张媚老师分别成立黄埔区名师工作室和名班主任工作室,聚焦区域教育的引领、辐射,各层次、各方面教师群体都能从多个讲座、课例展示活动和培训活动中感悟专业成长,工作室成了学校课程改革实践创新的展示平台。

　　总之，在荔园小学内生性课程变革的影响下，学生在学习方式、活动空间、语言表达和学习积极性等方面都有很大的提高，教师不断更新先进的教育理念，优秀的课改经验成果得到不断推广，这是荔园小学实行内生性教育改革所要达到的目的，更是检验的成果。

（撰稿者：葛　艳）

# 第一章
## 主体自觉性与童化语文

儿童是学习的主动参与者，他们的能动性应该成为课程设计中内嵌的育人要求。学校作为课程变革的主体，要以教师为核心，以学生为目的，根植传统，立足文化，直面学校发展定位，主动寻求课程变革。内生性课程变革，不仅要设计目标与内容、社会互动与关系，也要设计学习者的学习能量和学习动机，发展儿童的元认知能力。"童化语文"用儿童的精神去阐释语文，用儿童的文化去观照语文课程，用儿童的生态去构建语文课程，真正让儿童成为学习的主动参与主体，体现了内生性变革的要求。

广州市黄埔区荔园小学语文科组，师资队伍优良，结构合理，现有专任教师24人，其中，黄埔区名教师1人，广州市骨干教师2人，黄埔区骨干教师2人。在学校"让每一颗童心都灿烂"理念引领下，在学校"童化语文"课程规划下，教研组认真开展教研活动和备课活动，积极参加区、市教育主管部门组织的各类教科研活动，各方面均取得了一定成果，并获得了"广州市先进教研科组"的荣誉称号。近些年来，学校不断深化课堂改革，不断凝练课堂文化，积极参加各类比赛，在各级优质课大赛中屡获殊荣。为进一步推进我校语文学科课程建设，围绕语文学科语言建构与运用、思维发展与提升、审美鉴赏与创造、文化传承与理解等核心素养，我们以国家课程为基础，在口语交际、经典诵读、古典诗词、软硬笔书法、精品阅读、童化作文等多个方向进行课程构建。我们依据教育部《关于全面深化课程改革落实立德树人根本任务的意见》和《义务教育语文课程标准（2022年版）》等政策文件精神，推进我校"童化语文"课程群建设，取得了可喜的成效。

# 第一节　享受语文的童趣与魅力

## 一、学科性质观

《义务教育语文课程标准(2022 年版)》明确指出:语文是最重要的交际工具,是人类文化的重要组成部分。[①] 语文课程应致力于学生语文素养的形成与发展。语文素养是学生学好其他课程的基础,也是学生全面发展和终身发展的基础。

语文课程应激发和培育学生热爱祖国语文的思想感情,引导学生丰富语言的积累,培养语感,发展思维,初步掌握学习语文的基本方法,养成良好的学习习惯,使他们具有适应实际需要的识字写字能力、阅读能力、写作能力、口语交际能力,正确地理解和运用祖国语文。同时,语文课程还应通过优秀文化的熏陶感染,提高学生的思想道德修养和审美情趣,使他们逐步形成良好的个性和健全的人格,促进德、智、体、美诸方面的和谐发展。

工具性与人文性的统一,是语文课程的基本特点。[②] 语文是母语教育课程,学习资源和实践机会无处不在,无时不有。小学语文教学应该坚守"童本"取向,摒弃教师"知识垄断者"的地位,让学于"童",尊重儿童的个性,倾听儿童的声音,从儿童的视角组织教学,让儿童充分参与到教学中,让"童心、童趣"滋养课堂,让课堂充盈着儿童味。

## 二、学科课程理念

基于语文学科性质观,荔园小学将语文课程的课程哲学定位为"童化语文"。小学语文是童年的语文,应该让儿童成为儿童,让童心回归课堂,用母语滋养童年。正如卢梭在《爱弥儿》中所说:"大自然希望儿童在成人以前就要像儿童的样子。如果我们人

---

① 中华人民共和国教育部. 义务教育语文课程标准(2022 年版)[S]. 北京:北京师范大学出版社, 2022:1.
② 中华人民共和国教育部. 义务教育语文课程标准(2022 年版)[S]. 北京:北京师范大学出版社, 2022:1.

为打乱这个次序,就会造成一些早熟的果子,他们长得既不丰满也不甜美,而且很快就会腐烂,我们将造就一些年纪轻轻的博士和老态龙钟的儿童。"因此,小学语文教学要以儿童为中心,关注儿童的语言发展和思维方式。

**(一)"童化语文"是儿童的语文**

"童化语文"是站在儿童立场上的。"童化语文"从儿童的发展出发,基于儿童已有经验,在儿童学习、发展过程中开展。以学为主并得到恰当指导,使儿童在以文本为例的学习中发展语言能力,提高语文素养,获得真正的发展。即以儿童的视角去观察,构建符合儿童生态的语文学习,感受语文的魅力,享受学语文的快乐。

**(二)"童化语文"是童趣的语文**

"童化语文"要关注儿童的实际需要,关注儿童的真实起点,关注儿童的动态发展,遵循儿童的个体生命发展需要来组织课程。只有转变学习方式,基于学情组织教学,才能让"童化"课堂扎根于语文教学中,把语文课上得好玩些。即少一些烦琐分析,多一些情感体验;少一些成人面孔,多一些童心童趣;少一些机械训练,多一些趣味活动。

**(三)"童化语文"是有魅力的语文**

"童化"学习过程,彰显"语文"魅力。以尊重学生元认知的学习水平为基础,借助学习内容的整合,把知识拓展、日常生活等各方面的资料引进课堂,丰富课堂内容,激活学生的认知冲突,活跃思维,靠自己的主观力量实现内在的自我价值提升的创新课堂形式。每节课的学习内容都体现语文知识与生活的融通、迁移,体现语文素养,体现情感、态度、价值观的转化,体现心灵与生命的成长。

总之,"童化语文"从儿童视角出发,在尊重儿童、理解儿童的基础上,引领孩子步入祖国语言文字的殿堂,让他们在语文学习中童心飞扬,快乐成长。

# 第二节　品味语文的童真与典范

《义务教育语文课程标准(2022年版)》指出:"语言文字是人类重要的交际工具和信心载体,是人类文化的重要组成部分。语言文字的运用,包括生活、工作和学习中的听说读写活动以及文学活动,存在于人类社会的各个领域。""语文课程致力于培养学生的语言文字运用能力,提升学生的综合素养,为学好其他课程打下基础,为学生形成正确的世界观、价值观,形成良好个性和健全人格打下基础,为学生的全面发展和终身发展打下基础。语文课程对继承和弘扬中华民族优秀文化传统和革命传统,增强民族文化认同感,增强民族凝聚力和创造力,具有不可替代的优势。"[1]时代的进步要求人们具有开阔的视野、开放的心态、创新的思维,对人们的语言文字运用能力和文化选择能力提出了更高的要求,也给语文教育的发展提出了新的课题。在学生个人成长中,语文学科要为其广泛涉猎提供平台,使学生在学习中广博知识、增长见识,同时浸润学生的精神世界,塑造学生的良好品格。

## 一、学科课程总体目标

《义务教育语文课程标准(2022年版)》指出:语文课程围绕核心素养,体现课程性质,反映课程理念,确立课程目标。在语文课程中,学生的思维能力、审美创造、文化自信都以语言运用为基础,并在学生个体语言经验发展过程中得以实现。核心素养内涵的四个方面是一个整体,故确立具体总目标如下:

1. 在语文学习过程中,培养爱国主义、集体主义、社会主义思想道德,逐步形成正确的世界观、人生观和价值观。

2. 热爱国家通用语言文字,感受语言文字及作品的独特价值,认识中华文化的丰厚博大,汲取智慧,弘扬社会主义先进文化、革命文化、中华优秀传统文化,建立文化

---

[1] 中华人民共和国教育部. 义务教育语文课程标准(2022年版)[S]. 北京:北京师范大学出版社,2022:1.

自信。

3. 关心社会文化生活，积极参与和组织校园、社区等文化活动，发展交流、合作、探究等实践能力，增强社会责任意识。感受多样文化，吸收人类优秀文化的精华。

4. 认识和书写常用汉字，学会汉语拼音，能说普通话。主动积累、梳理基本的语言材料和语言经验，逐步形成良好的语感，初步领悟语言文字运用规律。学会使用常用的语文工具书，运用多种媒介学习语文，初步掌握基本的语文学习方法，养成良好的学习习惯。

5. 学会运用多种阅读方法，具有独立阅读能力。能阅读日常的书报杂志，初步鉴赏文学作品，能借助工具书阅读浅易文言文。学会倾听与表达，初步学会用口头语言文明地进行人际沟通和社会交往。能根据需要，用书面语言具体明确、文从字顺地表达自己的见闻、体验和想法。

6. 积极观察、感知生活，发展联想和想象，激发创造潜能，丰富语言经验，培养语言直觉，提高语言表现力和创造力，提高形象思维能力。

7. 乐于探索，勤于思考，初步掌握比较、分析、概括、推理等思维方法，辩证地思考问题，有理有据、负责任地表达自己的观点，养成实事求是、崇尚真知的态度。

8. 感受语言文字的美，感悟作品的思想内涵和艺术价值，能结合自己的经验，理解、欣赏和初步评价语言文字作品，丰富自己的情感体验和精神世界。

9. 能借助不同媒介表达自己的见闻和感受，学习发现美、表现美和创造美，形成健康的审美情趣。

## 二、学科课程年段目标

依据课程标准的总体目标，小学义务教育阶段语文学科共分六个年级，十二个学期，具体目标如表 1-1 所示：

表 1-1 广州市黄埔区荔园小学语文学科课程目标表

| 学期<br>年级\单元 | 上学期 | 下学期 |
|---|---|---|
| 一年级 第一单元 | 共同要求<br>1. 通过学习象形字,感知汉字表意的特点,激发识字兴趣。<br>2. 利用图画,认字写字,感知汉字的演变过程,并进行"扩词"练习。<br>3. 学习看图识字的方法。<br>4. 能听懂老师的要求,能够较清楚地指出字形的区别。<br>校本要求<br>了解学校生活,对学生进行入学教育、人文教育,并使学生逐步养成仔细观察、认真思考的良好习惯。 | 共同要求<br>1. 要求认识的字能读准字音,结合词句等语言环境了解意思;要求会写的字能读准字音,认清字形,了解意思,正确书写,并练习运用于口头和书面语言的表达之中。<br>2. 能正确、流利、有感情地朗读课文。积累好词佳句。<br>3. "口语交际"要求学生学会倾听故事,能抓住故事中的关键词语,记住故事情节发生的顺序。<br>校本要求<br>要求学生学会倾听故事,能抓住故事中的关键词语,在形式多样的活动中积累知识,提高语文素养。 |
| 一年级 第二单元 | 共同要求<br>1. 学会 6 个单韵母和 23 个声母,读准音,认清形,正确书写,正确拼读。<br>2. 知道单韵母有四个声调,认识声调符号,能直接读出带调的单韵母。<br>3. 认识四线格,学会在四线格里书写字母。<br>4. 学会正确拼读带调音节,正确读词语和儿歌,感悟童趣。<br>校本要求<br>1. 设计生动有趣的游戏活动,引导学生学习拼音。<br>2. 培养学生学习语文的兴趣和爱好,在学习过程中获得成功的体验,建立自信心。 | 共同要求<br>1. 认识并会书写本单元生字。要求会认的字能读准字音,结合词句等语言环境了解意思;要求会写的字能读准字音,认清字形,了解意思,正确书写,并练习运用于口头和书面语言的表达之中。<br>2. 能正确、流利、有感情地朗读课文。注意个别词语的正确读法;注意读好长句子和问句。<br>3. 通过"语文园地二"的各种活动积累知识,提高语文素养。<br>4. 热爱大自然,学会感恩,学会想象。<br>校本要求<br>通过语文学习,使学生学会与他人合作与交流,体验语文与日常生活的密切联系,感受语文在日常生活中的作用。 |

| 年级\学期\单元 | 上学期 | 下学期 |
|---|---|---|
| 第三单元 | 共同要求<br>1. 学会掌握本单元的声母。<br>2. 继续练习声母和韵母的拼读。<br>3. 认识要求会认的生字,能借助拼音正确朗读词语和句子,会读儿歌。<br>校本要求<br>借助拼音学唱儿歌。 | 共同要求<br>1. 掌握本单元重点词语,会认、会写生字。<br>2. 正确、流利、有感情地朗读课文。培养互相关心、互相帮助的品质。<br>3. 初步感知诗歌的韵律美,培养学生喜爱读诗的习惯。<br>校本要求<br>注意读好对话及课文中"不""一"字的声调。 |
| 第四单元 | 共同要求<br>1. 认识本单元要求会认的字,会写要求会写的生字。<br>2. 能正确、流利、有感情地朗读课文,背诵课文。<br>3. 感受晴朗夜空的美丽,培养学生热爱大自然的情感。<br>校本要求<br>1. 借助插图,理解课文内容,了解诗歌大意。想象劳动人民采莲的情景,体会他们在劳动中愉悦的心情。<br>2. 理解课文内容,知道四季的特征,感受各个季节的美丽。 | 共同要求<br>1. 掌握本单元的重点字词。<br>2. 能正确、流利、有感情地朗读课文,背诵古诗。<br>3. 体会文章的感情及意义。<br>校本要求<br>读好课文中的长句子;读好问句和感叹句。 |
| 第五单元 | 共同要求<br>1. 在文中识字,学会识字方法。<br>2. 初步了解古诗、对子歌,以及汉字的构字法。<br>3. 积累优美的语言。<br>校本要求<br>1. 培养观察小动物的习惯。<br>2. 了解对对子和《三字经》中的知识。<br>3. 培养学生喜欢体育活动,积极锻炼身体的习惯。 | 共同要求<br>1. 会认、会写本单元所学生字。<br>2. 能正确、流利地朗读课文,背诵课文。<br>3. 培养观察小动物的习惯。<br>4. 了解对对子和《三字经》中的知识。<br>5. 培养学生喜欢体育活动,积极锻炼身体的习惯。<br>校本要求<br>亲子阅读《三字经》,能初步理解内容。 |

| 学期<br>年级　单元 | 上学期 | 下学期 |
|---|---|---|
| 第六单元 | 共同要求<br>1. 认识本单元要求认识的生字,会写本单元要求会写的生字。<br>2. 能正确、流利地朗读课文。背诵重点课文。<br>3. 了解有关"影子"的一些现象及动物尾巴的特点。<br>校本要求<br>1. 感受儿童诗的生动形象,通过具体形象的事物认识逗号、句号和省略号。<br>2. 感悟雨水与植物生长的关系。 | 共同要求<br>1. 会认、会写本单元所学生字。<br>2. 能正确、流利、有感情地朗读课文,背诵古诗。<br>3. 理解课文内容,体会课文蕴含的道理和感情。<br>校本要求<br>读好问句和感叹句。 |
| 第七单元 | 共同要求<br>1. 会认、会写本单元生字。<br>2. 能正确、流利、有感情地朗读课文。<br>3. 理解课文内容,体会文章所表达的情感。 | 共同要求<br>1. 掌握本单元的重点字词,会认、会写本单元所学生字。<br>2. 能正确、流利、有感情地朗读课文,积累语言,感受阅读的兴趣。<br>3. 养成珍惜时间、爱护文具、做事目标专一的好习惯。<br>校本要求<br>1. 学会通知的规范写法,懂得时间和地点的重要性。<br>2. 训练学生的语言表达能力、想象能力,积累字词。 |
| 第八单元 | 共同要求<br>1. 会认、会写本单元生字。<br>2. 能正确、流利地朗读课文,背诵课文;理解课文内容。<br>3. 培养学生的思维能力、观察能力和表达能力。<br>校本要求<br>培养学生的审美情趣,激发学生热爱大自然的思想感情。 | 共同要求<br>1. 会认、会写本单元生字。<br>2. 能运用多种识字方法科学、合理地学习生字。<br>3. 能正确、流利、有感情地朗读课文。<br>校本要求<br>培养学生养成阅读的习惯,能把学会的知识展示出来,锻炼口头语言的表达能力。 |

| 学期<br>年级 单元 | 上学期 | 下学期 |
|---|---|---|
| 二年级 第一单元 | 共同要求<br>1. 会认、会写本单元生字。<br>2. 养成自主识字的习惯,积累词语。<br>3. 能正确、流利、有感情地朗读课文,领略自然界的神奇。<br>4. 激发学生观察大自然的兴趣和对大自然的热爱之情。<br>5. 培养学生阅读的兴趣。<br>校本要求<br>通过语文学习,使学生学会与他人合作与交流,体验语文与日常生活的密切联系,感受语文在日常生活中的作用。 | 共同要求<br>1. 会认、会写本单元生字。<br>2. 能正确、流利、有感情地朗读课文,背诵课文,默写古诗,积累好词佳句。<br>3. 能用普通话把话说完整、说通顺,态度自然大方、口齿清楚、声音响亮。<br>4. 能在形式多样的活动中积累知识,提高语文素养。<br>校本要求<br>热爱春天,愿意去观察、去发现春天的美,体会投身到大自然怀抱中的乐趣。 |
| 第二单元 | 共同要求<br>1. 会认、会写本单元生字。<br>2. 能正确、流利地朗读课文,背诵四篇课文。<br>3. 能正确使用数量词;练习仿写拍手歌;学会运用部首查字法查字典。<br>4. 了解、关注身边的美景,关注植物的生活习性,保持探索自然的好奇心。<br>校本要求<br>通过写植物观察日记,学会关注植物的习性。 | 共同要求<br>1. 会认、会写本单元生字。<br>2. 能正确、流利、有感情地朗读课文。<br>校本要求<br>体会奉献的幸福感和劳动人民的辛苦,树立自立自强的信念。 |

| 学期<br>年级<br>单元 | 上学期 | 下学期 |
|---|---|---|
| 第三单元 | 共同要求<br>1. 会认、会写本单元生字。<br>2. 能正确、流利地朗读课文,能读好人物对话所表达的意思。<br>3. 能从课文中得到启发。<br>4. 背诵《小儿垂钓》;会说含有动词的词组;准确区分同音字,积累好词佳句。<br>校本要求<br>能体会到身边人对自己的关爱,并能以乐观的态度面对生活,感受成长的快乐。 | 共同要求<br>1. 会认、会写本单元生字;养成自主识字的习惯,积累词汇。<br>2. 能正确、流利、有感情地朗读课文。<br>校本要求<br>1. 了解我国的秀丽山河、传统节日、汉字和美食的特点。<br>2. 激发学生了解中华民族传统文化的兴趣,激发学生的民族自豪感。 |
| 第四单元 | 共同要求<br>1. 会认、会写本单元生字。<br>2. 能正确、流利地朗读课文,读好长句子,读懂句子所表达的情感。<br>3. 积累描写风景的词语。<br>4. 背诵《古诗二首》及其他三篇课文的相关段落。<br>5. 学会使用比喻句,能联系上下文理解词语。<br>校本要求<br>了解祖国的辽阔、美丽,激发学生认识家乡的渴望和赞美家乡的感情。 | 共同要求<br>1. 会认、会写本单元生字。<br>2. 能正确、流利、有感情地朗读课文,理解课文内容。<br>3. 培养学生快乐的人生态度,让学生感受童年的欢乐时光。<br>校本要求<br>激发学生对语文、对汉字的热爱之情。 |

| 年级\单元\学期 | | 上学期 | 下学期 |
|---|---|---|---|
| | 第五单元 | 共同要求<br>1. 会认、会写本单元生字,初步感知成语的特点。<br>2. 能正确、流利、有感情地朗读课文。<br>3. 把故事中的道理与自己的生活实际联系起来,感悟故事,感悟生活。<br>校本要求<br>能在生活实际中体会故事中的道理。 | 共同要求<br>1. 会认、会写本单元生字。<br>2. 养成自主识字的习惯,积累词汇。<br>3. 能正确、流利、有感情地朗读课文,理解课文内容。<br>校本要求<br>感悟、积累对自己有启发的句子。 |
| | 第六单元 | 共同要求<br>1. 会认、会写本单元生字,初步感知形声字的特点。<br>2. 能正确、流利、有感情地朗读课文。<br>3. 在阅读中识字。<br>校本要求<br>在阅读中感受人物的高尚品质。 | 共同要求<br>1. 会认、会写本单元生字。<br>2. 在识字阅读的过程中积累词汇。<br>3. 能正确、流利、有感情地朗读课文,感受大自然的美丽与神奇。<br>4. 从生活经验出发,从图文对照入手,培养学生从小关注科学、探索自然的意识。 |
| | 第七单元 | 共同要求<br>1. 会认、会写本单元生字,了解古诗的特点。<br>2. 能正确、流利、有感情地朗读课文,背诵诗歌。<br>3. 积累语言,提高查阅资料的能力。<br>校本要求<br>了解雾和风的常识,学习雪孩子乐于助人的高贵品质。 | 共同要求<br>1. 会认、会写本单元生字。<br>2. 能正确、流利、有感情地朗读课文。积累好词佳句,理解故事内容。<br>3. 熟读故事,会讲故事。<br>4. 练习续编故事。<br>校本要求<br>1. 将课文中的故事讲给家长听。<br>2. 展开想象,续编课文故事。 |

| 年级\单元\学期 | 上学期 | 下学期 |
|---|---|---|
| 第八单元 | 共同要求<br>1. 会认、会写本单元生字，了解古诗的特点。<br>2. 能正确、流利、有感情地朗读课文。<br>3. 在阅读中识字，在阅读中理解文章的主要内容。 | 共同要求<br>1. 会认、会写本单元生字。<br>2. 能正确、流利、有感情地朗读课文，积累好词佳句。<br>3. 了解词句在语言环境中的意思，通过朗读体味文章所蕴含的主旨，铸造完美的人格品质；敢于发表自己个性化的见解或阅读感受。<br>4. 喜欢学习语文，乐于与人合作、交流，积极主动地参与到语文学习活动中。<br>校本要求<br>能用普通话连贯、完整地介绍自己喜欢的动画片，语速要适中，能让人听清楚。 |
| 三年级　第一单元 | 共同要求<br>1. 会认生字，会写生字。<br>2. 能正确、熟练地朗读课文。<br>3. 能正确理解课文内容。<br>4. 在朗读中体会课文中展现的画面。<br>5. 知道课文所要表达的中心意思。<br>6. 培养学生口语交际及写作的能力。<br>校本要求<br>积累词句段，背诵古诗，提升综合素养。 | 共同要求<br>1. 掌握本单元的重点生字、词语。<br>2. 能正确、流利、有感情地朗读课文，并按要求背诵课文。<br>3. 理解课文内容，感受大自然景物的美好，培养爱美的情趣和热爱大自然的情感。<br>4. 积累好词佳句。<br>校本要求<br>学习作者通过细致观察、大胆想象来描写景物特点的方法。 |

| 年级 单元 学期 | 上学期 | 下学期 |
|---|---|---|
| 第二单元 | 共同要求<br>1. 会认、会写本单元生字。<br>2. 熟读课文,背诵古诗及相关段落。<br>3. 理解课文内容,体会文章蕴含的情感。<br>4. 继续培养学生的语文综合素养。<br>校本要求<br>学会写日记。 | 共同要求<br>1. 掌握本单元的重点生字、词语。<br>2. 能正确、流利、有感情地朗读课文,背诵相关内容。<br>3. 读懂课文内容,体会课文所蕴含的道理。<br>4. 初步了解课文说明道理所采用的方法。<br>5. 引导学生学会动脑,用科学的思想方法思考问题。<br>校本要求<br>初步了解说明方法,体会这样写的好处。 |
| 第三单元 | 共同要求<br>1. 会认、会写本单元生字。<br>2. 能正确、熟练地朗读课文。<br>3. 继续让学生积累字词句段,提升语文素养。<br>校本要求<br>1. 通过朗读感悟卖火柴的小女孩的悲惨生活和作者寄予的深切同情。<br>2. 了解种子在变形过程中的一系列心理活动。<br>3. 了解红头被黄牛吞进肚子后青头对它的不离不弃。<br>4. 感悟以身作则的蚂蚁队长的形象。 | 共同要求<br>1. 掌握本单元中的重点生字、词语。<br>2. 能正确、流利、有感情地朗读课文,背诵自己喜欢的部分。<br>3. 了解中华传统文化的博大精深,加深热爱祖国文化的情感,增强民族自豪感。<br>4. 积累好词佳句,能用查字典、联系生活或联系上下文等方法理解词句的意思。<br>校本要求<br>通过手抄报的形式介绍一种自己熟悉的中华传统文化。 |

| 年级\单元\学期 | | 上学期 | 下学期 |
|---|---|---|---|
| | 第四单元 | 共同要求<br>1. 会认、会写本单元生字。<br>2. 能正确、熟练地朗读课文。<br>3. 理解课文内容。<br>4. 知道童话故事的特点,体会童话故事的写作方法。<br>4. 学会预测,根据不同的内容作不同的预测。<br>5. 加强多音字的积累、词语的积累、谚语的积累,注意标点符号的不同使用方法,继续提升语文综合素养。<br>6. 培养学生口语交际的能力,训练学生写话的能力。<br>校本要求<br>与家长和同学分享自己喜欢的童话故事,能用自己的话复述出来。 | 共同要求<br>1. 掌握本单元中的重点生字、词语。<br>2. 能正确、流利、有感情地朗读课文。<br>3. 读懂课文内容,初步养成留心观察周围事物的习惯。<br>4. 培养用心思考、勤于动手,才能有所发现的意识。<br>5. 学会写观察日记。<br>校本要求<br>选择自己感兴趣的事物写观察日记,学写所观察事物的特点。 |
| | 第五单元 | 共同要求<br>1. 会认、会写本单元生字。<br>2. 能正确、流利、有感情地朗读课文。<br>3. 积累好词佳句,体会作者是怎样留心观察周围事物的。<br>校本要求<br>学会留心观察周围事物,写出自己印象最深的一种事物或一处场景。 | 共同要求<br>1. 会认、会写生字。<br>2. 通读文章,把握故事的主要内容,感受故事丰富的想象力。<br>3. 通过想象力训练,感受想象的魅力。<br>校本要求<br>能根据故事内容大胆想象,并通过读写,提升综合能力。 |

| 学期<br>年级<br>单元 | 上学期 | 下学期 |
|---|---|---|
| 第六单元 | 共同要求<br>1. 掌握本单元中的重点生字、词语。<br>2. 能正确、流利、有感情地朗读课文。<br>3. 理解课文内容,体会作者表达的思想感情。<br>4. 掌握一些积累语言的方法,丰富语言的积累。<br>校本要求<br>感受祖国山河的壮丽,激发热爱祖国的思想感情。 | 共同要求<br>1. 能正确、流利、有感情地朗读课文。<br>2. 背诵相关内容。<br>3. 把握文章的主要内容。<br>校本要求<br>感受人物的性格特点和可贵品质,体会人物的情感。 |
| 第七单元 | 共同要求<br>1. 会认、会写本单元生字。<br>2. 能正确、流利、有感情地朗读课文,理解课文内容,感悟课文生动的语言,积累好词佳句。<br>校本要求<br>能对身边的小事谈自己的看法,有自己独到的见解。 | 共同要求<br>1. 掌握本单元中的重点生字、词语。<br>2. 能正确、流利、有感情地朗读课文,背诵部分课文。<br>3. 理解课文内容,体会文章的思想感情。<br>4. 学习作者按一定顺序抓住事物特点描写的写作方法;学会围绕中心句写作的方法。<br>5. 能有意识地运用平时积累的语言;能按给定的开头说话。<br>6. 学会怎样劝说别人;学会通过整合信息,介绍一种事物的方法。<br>7. 积累成语。<br>校本要求<br>1. 学写寻物启事。<br>2. 能把笔画简单和笔画复杂的字写漂亮。 |

| 学期\\年级\\单元 | 上学期 | 下学期 |
|---|---|---|
| 第八单元 | 共同要求<br>1. 会认、会写本单元生字。<br>2. 能正确、流利、有感情地朗读课文。<br>3. 学会带着问题阅读课文,理解课文的意思。<br>校本要求<br>知道向别人请教时的注意事项,懂得礼貌交际。 | 共同要求<br>1. 能正确、流利、有感情地朗读课文,学会复述课文的方法,能清楚明白地转述别人的话。<br>2. 读懂课文,能概括文章主要内容,总结人物形象,探究故事内涵。<br>3. 结合课文内容,体会童话和民间故事想象丰富的特点。<br>校本要求<br>1. 能根据提示展开想象,尝试编童话故事。<br>2. 能够口齿清楚、条理清晰地讲故事,并能听懂别人的故事。 |
| 四年级 第一单元 | 共同要求<br>1. 掌握本单元中要求会认的字和要求会写的字。<br>2. 能正确、流利、有感情地朗读课文。<br>3. 领悟作者抓住景物特点进行静态、动态描写和寄情于景的写作手法。<br>4. 培养学生留心观察周围事物的习惯。<br>校本要求<br>通过学习,了解我国壮丽、奇特的自然景色,激发学生热爱祖国大好河山的思想感情。 | 共同要求<br>1. 掌握生字词,能联系语境理解词语。<br>2. 理解课文内容,想象课文描写的画面。<br>3. 学习作者准确、生动的用词,体会运用比喻、拟人、排比等修辞手法的好处,积累优美的词句。<br>4. 学习作者的写作手法,学习在习作中表达自己的情感。<br>校本要求<br>体会作者的写作特点。 |

| 学期 年级 单元 | 上学期 | 下学期 |
|---|---|---|
| 第二单元 | 共同要求<br>1. 会认本单元要求会认的字,会写本单元要求会写的字。要求认识的字要能读准字音,能结合词句等语言环境了解意思;要求会写的字能读准字音、认清字形、了解字义、正确书写。<br>2. 能正确、流利、有感情地朗读课文。能理解一些含义深刻的句子。<br>3. 积累词句,熟读成诵。<br>校本要求<br>会根据课文内容提出问题,整理问题清单,筛选对理解课文内容有帮助的问题。 | 共同要求<br>1. 掌握本单元课文中出现的生字、新词。<br>2. 能正确、流利地朗读课文,从整体上了解课文内容,理清课文脉络。<br>3. 能有感情地朗读课文,理解一些含义深刻的句子。<br>4. 体会说明文语言准确、简洁的特点。<br>5. 能就感兴趣的课文内容展开讨论、交流,感受现代科学技术给人们的生活带来的舒适和快捷。<br>校本要求<br>1. 体会作者按一定顺序说明事物的方法。<br>2. 体会说明文语言准确、简洁的特点。 |
| 第三单元 | 共同要求<br>1. 掌握本单元的重点生字词,能正确、流利、有感情地朗读课文。<br>2. 品味文中生动、形象、准确、精当的语言,并积累语言。<br>3. 体会作者用生动形象的语言描写具体事物的写作方法。<br>校本要求<br>通过学习,激发学生对周围事物的兴趣和喜爱,学习作者留心观察的方法,培养学生留心观察周围事物的意识和习惯。 | 共同要求<br>1. 读准字音,会写本单元要求会写的生字,弄懂重点词语的意思。<br>2. 能正确、流利、有感情地朗读诗歌。初步了解现代诗的一些特点,体会诗歌的情感。<br>3. 根据需要收集资料,初步学习整理资料的方法。<br>4. 理解诗歌的特点,学会仿写诗歌,积累名句等。<br>校本要求<br>1. 有感情地朗读诗歌,了解诗歌特点,体会诗歌情感。<br>2. 学会仿写诗歌,学会整理资料。 |

| 学期<br>年级 单元 | 上学期 | 下学期 |
|---|---|---|
| 第四单元 | 共同要求<br>1. 掌握本单元的生字、词语。<br>2. 有感情地朗读课文,会讲这些神话故事。<br>3. 理解课文内容,积累生动的语言。<br>4. 通过朗读、讨论和复述课文等多种形式,引导学生感受古人丰富的想象力。<br>校本要求<br>阅读其他的神话传说,增强对祖国优秀文化的热爱之情。 | 共同要求<br>1. 能正确认读本单元的生字,会写本单元的生字。<br>2. 让学生通过读书感受动物的可爱、可敬,体会两位作家语言风格的不同,比较文章表达上的不同特点。<br>3. 让学生体会到,同样是写动物,观察角度不同,心理体验不同,运用的表达方法就不同,语言也就各具特色。<br>4. 通过本单元的学习,激发学生关爱动物的情感。<br>校本要求<br>1. 通过对比阅读,感悟不同的表达方法。<br>2. 学习作者抓住动物特点进行描写的方法,体会作者用词的准确、生动。 |
| 第五单元 | 共同要求<br>1. 正确认读、书写本单元的生字、词语。<br>2. 能正确、流利、有感情地朗读课文。<br>3. 引导学生一边读一边理解,弄清楚作者是怎样把事情写清楚的。<br>校本要求<br>在朗读中,积累语言,抄写自己喜欢的句子。 | 共同要求<br>1. 掌握本单元的重点生字词,能正确、流利、有感情地朗读课文。<br>2. 学习作者按照游览顺序记叙景物的写作方法,培养学生留心观察周围事物的习惯。<br>3. 通过学习,了解我国壮丽、奇特的自然景色,激发学生热爱祖国大好河山的思想感情。<br>校本要求<br>在反复朗读的过程中体会、学习作者的表达方法。 |

| 学期<br>年级　单元 | 上学期 | 下学期 |
|---|---|---|
| 第六单元 | 共同要求<br>1. 掌握本单元中的生字、词语。<br>2. 能正确、流利、有感情地朗读课文,边阅读边作批注,感受童年生活的丰富多彩。<br>3. 理解课文内容,体会课文中蕴含的道理。<br>校本要求<br>积累好词佳句,激发学生努力学习本领、刻苦求知的欲望。 | 共同要求<br>1. 读准字音,明确重点词语的意思。<br>2. 能正确、流利、有感情地朗读课文。学会给文章各部分加上合适的小标题。<br>3. 学习把握长文章的主要内容。<br>4. 能按一定顺序把事情的过程写清楚。<br>5. 学会记录重要信息以及分类整理小组意见,有条理地汇报。<br>校本要求<br>1. 掌握阅读长文章的技巧,能运用修改符号修改病句。能正确运用比喻的修辞手法。<br>2. 积累古诗。 |
| 第七单元 | 共同要求<br>1. 掌握本单元中出现的生字、词语。<br>2. 有感情地朗读课文,体会作者表达的思想感情。<br>3. 能联系上下文理解含义深刻的句子的意思。<br>4. 能从课文的叙述和描写中了解人物的特点,学习其优秀品质。<br>5. 学习书信的格式和写法。<br>6. 读懂课文,能把握文章的主要内容。<br>校本要求<br>能用正确的格式写信。 | 共同要求<br>1. 读准字音,弄懂重点词语的意思。<br>2. 能正确、流利、有感情地朗读课文。<br>3. 能从人物的语言、动作等描写中感受人物的品质。<br>4. 学习从多个方面写出人物的特点。<br>5. 学会在不同的情况下自我介绍。<br>6. 掌握阅读技巧,能写连续动作的句子,积累文言名句。<br>校本要求<br>1. 理解诗歌内涵,准确把握诗歌情感,深入理解名句。<br>2. 培养学生品味语言,鉴赏诗歌的能力。 |

| 学期<br>年级 单元 | | 上学期 | 下学期 |
|---|---|---|---|
| | 第八单元 | 共同要求<br>1. 掌握本单元中的重点生字词,能正确、流利、有感情地朗读课文。<br>2. 感受故事蕴含的哲理和情感,体会做事、做人的道理。<br>校本要求<br>能说出自己从故事中体会到的哲理。 | 共同要求<br>1. 会认本单元要求会认的生字,会写本单元要求会写的生字。<br>2. 通过阅读《宝葫芦的秘密(节选)》,感受王葆希望得到一个宝葫芦的心情,理解文章所包含的道理。<br>校本要求<br>1. 感受童话的奇妙。<br>2. 体会人物真善美的形象。 |
| 五年级 | 第一单元 | 共同要求<br>1. 会认本单元要求会认的字,会写本单元要求会写的字,掌握本单元的重点生字词,能通过查词典或联系上下文等方法理解词语的意思。<br>2. 能正确、流利、有感情地朗读课文。背诵指定的课文和自己喜欢的段落。<br>3. 理解课文内容,领悟课文所抒发的感情或揭示的做人的道理。<br>4. 把握课文中直接点明文章主旨的重点句并深入体会。<br>5. 提高口语交际能力与习作能力。<br>6. 积累古诗。<br>校本要求<br>1. 合作制定班规。<br>2. 通过文章的重点句,把握文章主旨。 | 共同要求<br>1. 能通过读书,体会作者对童年生活的眷恋,感受童年生活的美好以及童年时光的珍贵,丰富情感体验,更深刻地感受自己的童年生活。<br>2. 通过对比阅读,领悟文章的表达方式,学会把一件事的重点部分写具体。<br>3. 丰富语言积累。<br>4. 学会倾听,边听边作记录。<br>校本要求<br>1. 通过对比阅读,领悟文章的表达方式,学会把一件事的重点部分写具体。<br>2. 充分感受童年时光的珍贵,丰富情感体验。 |

| 学期<br>年级 单元 | 上学期 | 下学期 |
|---|---|---|
| 第二单元 | 共同要求<br>1. 会认本单元要求会认的字,会写本单元要求会写的字,掌握本单元的重点生字词,能通过查词典或联系上下文等方法理解词语的意思。<br>2. 学习提高阅读速度的方法。<br>3. 能抓住关键词语理解句子的意思,感受人物形象,体会人物美好的品质。<br>4. 掌握说明文的一般特点和常用的说明方法。<br>5. 仔细观察,结合具体事例写出老师的特点,表达出自己对老师的敬爱之情。<br>校本要求<br>1. 了解哪些事物比猎豹的速度更快。掌握说明文的一般特点和常用的说明方法。激发学生学科学、爱科学、勇于探索大自然奥秘的兴趣。<br>2. 了解地道战的相关内容,体会人民智慧的无穷。 | 共同要求<br>1. 能够认识、会写本单元的生字,正确读写词语。<br>2. 能正确、流利、有感情地朗读课文。<br>3. 感受栩栩如生的人物形象。<br>4. 激发学生阅读古典名著的兴趣,初步学习阅读古典名著的方法。<br>5. 学习写读后感。<br>校本要求<br>1. 让学生感受古典名著的魅力,激发学生阅读古典名著的兴趣。<br>2. 指导学生重点感受故事情节的曲折生动,以及人物形象的栩栩如生。 |
| 第三单元 | 共同要求<br>1. 会认本单元要求会认的字,会写本单元要求会写的字,掌握本单元的重点生字词,能通过查词典或联系上下文等方法理解词语的意思。 | 共同要求<br>1. 能从总体上明确综合性学习的要求,了解综合性学习的特点,为今后进行综合性专题学习打下良好的基础。 |

| 年级 单元 \ 学期 | 上学期 | 下学期 |
|---|---|---|
| | 2. 能正确、流利、有感情地朗读课文。能快速默读课文。<br>3. 理解课文内容，把握人物形象，了解人物的性格特点。<br>4. 掌握故事的主要情节，并能进行创造性的复述。<br>5. 掌握"缩写"和"扩写"的方法。<br>6. 积累古诗，熟读成诵。<br>**校本要求**<br>1. 体会以牛郎、织女为代表的古代劳动人民对幸福生活的追求和向往以及和恶势力的抗争。<br>2. 培养学生善良的品性和憎恶恶势力的感情。 | 2. 通过综合性学习，能够学会制订活动计划，在活动中积极、主动参与，勇于承担一定的任务，并能通过独立或合作学习，较好地完成任务。<br>3. 能够认真阅读提供的相关阅读材料，从中受到启发，学习搜集资料的基本方法，搜集到更多体现汉字趣味的资料，并会写简单的研究报告。<br>4. 通过综合性学习，能够感受汉字的趣味，增进对汉字的了解，激发对汉字的热爱之情，增强为传承祖国的语言文字作贡献的意识。<br>5. 通过活动，能够很好地参与合作学习，提高自主学习的能力，从而促进探究意识的形成。<br>**校本要求**<br>1. 通过本次综合性学习，了解综合性学习的特点，掌握综合性学习的方法，为今后进行综合性专题学习打下良好的基础。<br>2. 学习搜集资料的基本方法，初步学会制订活动计划，并按计划组织开展各项活动，会写简单的研究报告。<br>3. 能够很好地参与合作探究，提高自主学习的能力，从而促进探究意识的形成。 |

| 学期 年级 单元 | 上学期 | 下学期 |
|---|---|---|
| 第四单元 | 共同要求<br>1. 掌握本单元中的重点生字词,能通过查词典或联系上下文等方法理解词语的意思。<br>2. 能正确、流利、有感情地朗读课文,能熟练背诵古诗及课文中的有关段落,积累好词佳句,丰富自己的语言。<br>3. 理解课文内容,反复揣摩描写人物语言、动作、神态的语句,领悟课文所表达的思想感情。<br>4. 了解中华民族受尽屈辱的历史。<br>5. 正确区分褒义词和贬义词,掌握顿号的用法。<br>6. 引导学生大胆、合理地进行想象,并把想象的内容具体、清楚地表达出来。<br>校本要求<br>品读语言文字,了解中华民族受尽屈辱的历史,使学生受到爱国主义的教育,激发学生的爱国情怀,并增强历史责任感与使命感。 | 共同要求<br>1. 读准字音,弄懂重点词语的意思。<br>2. 背诵、默写古诗,理解诗意。<br>3. 能正确、流利、有感情地朗读课文。学会抓住人物的动作、语言、神态,体会人物的内心,并学会运用这种方法阅读和写作。<br>校本要求<br>1. 有感情地朗读课文,学会抓住人物的动作、语言、神态,体会人物的内心。<br>2. 会运用人物的动作、语言、神态描写,来表现人物的内心。 |
| 第五单元 | 共同要求<br>1. 会认本单元要求会认的字,会写本单元要求会写的字,掌握本单元的重点新词,能通过查词典或联系上下文等方法理解词语的意思。<br>2. 了解说明文的写作方法,体会课文用词的准确和表达的形象。 | 共同要求<br>1. 会写生字。通过对词语、句子的积累,增加语言积累。<br>2. 通过阅读两篇课文,明确课文所描述的人物形象的特点。<br>3. 以两篇课文为研究材料,学习描写人物的基本方法。 |

| 学期 年级 单元 | 上学期 | 下学期 |
|---|---|---|
| | 3. 掌握说明文的一般特点和常用的说明方法。尝试运用恰当的说明方法说明事物的相关特点。<br>4. 培养学生利用多种渠道搜集信息的能力,提高学生的科学素养。<br>校本要求<br>按说明文的一定顺序,运用本单元学习的列数字、打比方、举例子、作比较等说明方法写一篇说明文。 | 4. 提高学生描写人物的能力,能够运用自己的语言描述印象深刻的人。<br>校本要求<br>1. 感受作家笔下鲜活的人物形象,体会作家描写人物的方法,并在习作中学习运用。<br>2. 激发学生阅读中外名著的兴趣。 |
| 第六单元 | 共同要求<br>1. 会认本单元要求会认的字,会写本单元要求会写的字,掌握本单元的重点生字词,能正确、流利、有感情地朗读课文。<br>2. 了解人物的外貌、语言、动作和心理描写对揭示人物内心世界和表达作者情感的作用。<br>3. 品读课文并注意体会场景和细节描写中蕴含的感情,体会场景描写在课文中的作用。<br>4. 引导学生体会文章结尾的特点。积累有关勤俭节约的名言警句。<br>校本要求<br>让学生学会理解父母不同方式的爱,能对事例中父母的不同做法发表自己的见解,提出合理的建议。能与父母真心交谈,用恰当的语言表达自己的看法和感受。 | 共同要求<br>1. 会认、会写本单元生字词,有感情地朗读课文。<br>2. 感知课文内容,理解文章的主要内容。<br>3. 在读课文时,了解人物的思维过程,加深对课文内容的理解。<br>4. 根据情境编故事,把事情发展变化的过程写具体。<br>校本要求<br>理解课文内容。 |

| 学期<br>年级　单元 | 上学期 | 下学期 |
|---|---|---|
| 第七单元 | 共同要求<br>1. 会认、会写本单元生字,能正确、流利、有感情地朗读课文。<br>2. 能熟练朗读和背诵三首古诗词,理解诗词的意思,体会作者表达的思想感情。<br>3. 品读课文并能联系上下文,结合关键句子初步体会景物的静态美和动态美。<br>校本要求<br>能抓住景物的特点并按照一定的顺序,有条理地描写景物,写出景物的动态变化,做到动静结合。 | 共同要求<br>1. 会认、会写本单元的生字词,有感情地朗读课文。<br>2. 抓住主要内容,体会静态描写和动态描写的表达效果。<br>3. 学会搜集资料、整理资料,介绍一个地方。<br>4. 积累课文中的优美语句。<br>校本要求<br>1. 有感情地朗读课文,体会静态描写和动态描写的表达效果。<br>2. 学会按一定顺序介绍一个地方。 |
| 第八单元 | 共同要求<br>1. 会认、会写本单元生字。能正确、流利、有感情地朗读课文。<br>2. 阅读时要注意梳理信息,把握文章的内容要点。<br>3. 通过查字典或联系上下文理解古今异义字词的意思,能用自己的话说出课文的大意。<br>4. 能将自己喜欢的文学或影视作品中最喜欢的人物介绍给大家。<br>5. 学会推荐一本好书。<br>6. 学会寻找课外书的方法。<br>校本要求<br>能将自己喜欢的文学或影视作品中最喜欢的人物介绍给大家。做到分条叙述,把推荐的理由讲清楚。 | 共同要求<br>1. 让学生通过读书感受精妙语言的魅力,感受语言表达的艺术,感受课文风趣的语言。<br>2. 学会看漫画,并写出自己的想法。<br>校本要求<br>1. 让学生感受人物语言的精妙。<br>2. 体会文章的表达方式。<br>3. 学会幽默的表达方式,并能在欣赏漫画的同时写出自己的想法。 |

| 学期<br>年级 单元 | | 上学期 | 下学期 |
|---|---|---|---|
| 六<br>年<br>级 | 第一单元 | 共同要求<br>1. 引导学生品味文中优美的语言，并加以积累。<br>2. 引导学生体会作者表情达意的方法。<br>3. 背诵诗词，理解诗词的含义。<br>4. 培养学生热爱大自然的美好情操。<br>校本要求<br>1. 使学生感受知识之间的内在联系，提高自主探索与合作交流的学习能力。<br>2. 建立学好语文的信心。 | 共同要求<br>1. 能正确读写本组课文中的生字、新词，能正确、流利、有感情地朗读课文。<br>2. 让学生了解一些传统的民风民俗，吸收民族文化智慧，感受这些独具魅力的民俗风情中蕴含的民族文化。<br>3. 让学生进一步了解文章的写作方法，体会作者是如何谋篇布局的，并在习作中加以运用。<br>校本要求<br>学会在习作中如何谋篇布局。 |
| | 第二单元 | 共同要求<br>1. 掌握本单元的重点生字、新词，能正确、流利、有感情地朗读课文。<br>2. 了解人物的言行、心理活动描写对揭示人物品质的作用，并通过对人物形象的描写感受人物的风采和情怀。<br>3. 学习场面描写和人物描写的一些基本方法，能用简练的语言讲述文章所写的事例。<br>4. 搜集与课文相关的资料，理解课文内容。<br>校本要求<br>学会在生活中感悟语文、应用语文。 | 共同要求<br>1. 能正确读写本组课文中的生字、新词，能正确、流利、有感情地朗读课文。<br>2. 通过阅读，了解不同国家多样的文化，关心人物命运。<br>3. 进一步培养学生把握主要内容，体会作品中人物思想感情的能力。<br>4. 拓宽学生阅读的视野，引导学生阅读适合他们的外国文学名著。<br>校本要求<br>学会在生活中感悟不同国家的民俗文化。 |

| 年级 单元 \ 学期 | 上学期 | 下学期 |
|---|---|---|
| 第三单元 | 共同要求<br>1. 读准字音，弄懂重点词语的意思。<br>2. 能正确、流利、有感情地朗读课文。能选择适合的阅读方法阅读课文，弄懂文章的主要内容。<br>校本要求<br>试着在写事物时，融入感情，表达看法。 | 共同要求<br>1. 能正确读写本单元课文中的生字、新词，能正确、流利、有感情地朗读课文。<br>2. 引导学生读书和收集资料，读懂课文内容，从中感悟人生哲理，获得人生启示。<br>校本要求<br>学会联系生活实际，领悟文章所蕴涵的道理。 |
| 第四单元 | 共同要求<br>1. 阅读课文，感受文中人物的美好心灵，体会真情给人们生活带来的感动。<br>2. 在读懂课文的基础上，学习作者通过对环境、人物心理活动等方面的描写，刻画人物形象的写作方法。<br>校本要求<br>发挥想象，创编生活故事。 | 共同要求<br>1. 能正确背诵并默写三首古诗，理解诗意及主旨。<br>2. 能正确读写本单元课文中的生字、新词，学习革命前辈的高尚品质，懂得为人民服务的道理。<br>3. 引导学生把握文章的主要内容，了解课文的叙述顺序，并在习作中加以运用。<br>校本要求<br>学会即兴发言的方法。 |
| 第五单元 | 共同要求<br>1. 读准字音，会写生字，弄懂重点词语的意思。<br>2. 能正确、流利、有感情地朗读课文。体会文章是怎样围绕中心意思来写的。<br>校本要求<br>学会从不同的方面或选择不同的事例来表达一个中心意思。 | 共同要求<br>1. 引导学生抓住重点句段，联系生活实际，领悟文章蕴涵的道理。<br>2. 引导学生学会辩解，知道在辩论前应做哪些准备。<br>校本要求<br>1. 学会总结学习生活的收获。<br>2. 学会大胆想象，写出精彩的科幻故事。 |

| 年级\单元\学期 | | 上学期 | 下学期 |
|---|---|---|---|
| | 第六单元 | 共同要求<br>1. 感悟人类的生存与自然资源、生态环境的密切联系,懂得人类应珍惜资源,保护环境。<br>2. 把握课文的主要内容,能运用"联系实际,深入思考"的读书方法,加深对课文内容的理解。<br>3. 能积极行动起来,为地球家园美好的明天,尽自己的一份力量。<br>4. 能有感情地朗读、背诵古诗。<br>5. 能抓住关键句,把握文章的主要观点。<br>6. 学写倡议书。<br>校本要求<br>写一份倡议书表达自己对保护环境的想法,并能积极行动起来,为地球家园美好的明天,尽自己的一份力量。 | 共同要求<br>1. 通过读"阅读材料"中的文章,感受作者对小学生活的怀念,对母校、对老师、对同学的思想感情。<br>2. 通过收集资料,回顾成长经历,懂得成长需要自己的努力,也离不开学校的关怀、老师的教导和同学的帮助,并且学会整理资料的方法。<br>3. 用多种形式表达对老师和同学、对母校依依不舍的感情,并立下美好的志向。<br>校本要求<br>1. 学会写毕业赠言。<br>2. 学写策划书,与同学们一起组织策划联欢活动。 |
| | 第七单元 | 共同要求<br>1. 学会本单元的生字、新词,能有感情地朗读课文。<br>2. 背诵相关文段,积累课文中的优美语言,体会课文表达的感情。<br>3. 感受艺术的神奇魅力,受到美的熏陶。<br>校本要求<br>学习作者是怎样在叙事时展开联想和想象的,是怎样把眼前看到的和内心的想象自然地融合在一起的,从而体会艺术之美。 | |

| 年级\单元\学期 | | 上学期 | 下学期 |
|---|---|---|---|
| | 第八单元 | 共同要求<br>1. 学会本单元的生字、新词，能有感情地朗读课文。<br>2. 认识、感受鲁迅，理解文中含义深刻的句子。<br>3. 继续学习描写人物的基本方法。<br>4. 感悟鲁迅的人格魅力和文学成就。<br>校本要求<br>阅读鲁迅的作品，了解鲁迅的生平。 | |

# 第三节　充满着童趣的语文课程

为了实现上述目标,荔园小学开设"童化语文"课程,为学生提供充足的、符合学生知识水平的课程,真正满足学生学习的需要。

## 一、学科课程结构

《义务教育语文课程标准(2022 年版)》中指出,"学会倾听与表达,初步学会用口头语言文明地进行人际沟通和社会交往。能根据需要,用书面语言具体明确、文从字顺地表达自己的见闻、体验和想法。"①提出培养学生主动识字的愿望和独立识字的能力。

我们提出了"童化语文"学科课程建设。"童化语文"从快乐识写、童味阅读、童创探究、童声交流、童趣习作等方面创设课程。具体框架如图 1-1 所示。

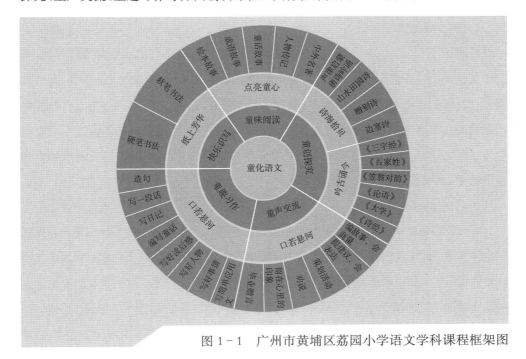

图 1-1　广州市黄埔区荔园小学语文学科课程框架图

---

① 中华人民共和国教育部.义务教育语文课程标准(2022 年版)[S].北京:北京师范大学出版社,2022:6.

"童化语文"课程的基本价值取向:既要源自儿童需要,也要创造儿童需要;既要基于儿童的现实性,也要发展儿童的可能性。这一价值取向尊重了学生的学习从生活出发,并回归生活的教育理念;就学习内容而言,做到了横向丰富、纵向关联;从学生的学习全过程来看,实现了学生的自由生长与合作发展。

**(一) 快乐识写**

课程内容包括:笔尖论道、纸上芳华。写字也是"学习和运用语言文字",是语文教学的重要内容。写一手漂亮的铅笔字、钢笔字、毛笔字,是学生应具备的最基本的人文素养。硬笔书法的学习主要是在课堂上循着学生的个性,有重点地落实写字练习、加强习字指导。在每节语文课中——不管是低年级还是中高年级,都根据学段课程目标和课时教学目标,确定写字指导重点,并且结合学生的不同特点、情况,有所侧重、方式灵活地给予细致指导,让学生练习到位。软笔书法则在三至六年级学生中开设专门的书法课,由专业的书法老师指导,让每个学生能够初步学会毛笔的运笔技巧,能够书写简单的软笔书法作品。

**(二) 童味阅读**

课程内容包括:点亮童心。让孩子在儿童时代就养成良好的阅读与鉴赏习惯,学会在阅读与鉴赏中汲取成长的力量,感受阅读的乐趣。以绘本故事、成语故事、童话故事、人物传记、中外名著等书籍为主,激发孩子的想象,让童心得到呵护,同时培养他们的阅读与鉴赏兴趣。在丰富学生的阅读素材之余,还能帮助他们提高阅读与鉴赏理解能力,拓展读写思维,增强文化底蕴。培育学生的情感、态度、价值观,以及道德修养和审美情趣,从而促进语文核心素养的发展。

**(三) 童创探究**

课程内容包括:诗海拾贝、吟古诵今。开设经典诵读主题课程——即选编适合各年级学生认知特点的诵读内容,如《笠翁对韵》《弟子规》《三字经》《论语》《大学》等,利用每天晨读时间组织学生循序渐进地诵读国学经典,还在每个单元甚至每个课例教学中有机地穿插经典诵读,链接与单元、课时阅读主题内容相关的国学经典短文,组织学生诵读感悟。

通过经典诵读,培养学生诵读能力和感受语言的能力,积淀文化底蕴。学生通过朗读音律和谐、朗朗上口的文本获得语感,获得童心成长的能量。同时,从祖国深厚的文化土壤中汲取大量的精神养料,成为中华优秀文化的继承者和传播者。

### （四）童声交流

课程内容包括：口若悬河。表达与交流能力是现代生活中必备的能力之一。因此，在语文学科课程中，应创设良好环境，选择适合各年级的课程内容，营造让学生进行表达与交流的良好氛围。良好的学习环境是学生大胆进行表达与交流的重要前提。只有在宽松愉快的学习环境中，学生才敢张扬个性，在探索未知的同时，释放出巨大的童趣。对学生进行表达与交流训练，首先要依托语文教材。立足课堂教学，设置编故事、学会提建议、策划活动、学会劝说、交流印象等内容，对学生进行全方位的表达与交流训练。课堂教学是开展表达与交流训练的主阵地。教师要充分利用好这块阵地，强化双向互动的语言实践，在语文课堂教学的各个环节中，有意识地设计师与生、生与生的表达与交流。

### （五）童趣习作

课程内容包括：口若悬河。以小学生常见的表达与交流教学指导为内容，进行分类介绍，细化结构，使用流畅的举例、幽默的语言、活跃的气氛，设置造句、写一段话、写日记、编写童话故事、写读后感、写好人物、写好事情、会写简单应用文等课程内容，通过指导写法，搭建框架，范文引路，使学生在趣味中进行表达与交流，知道如何选材，怎么建构框架。引领学生想说就说，想写就写，真正为孩子们的表达与交流插上飞翔的翅膀，让孩子们在快意诵读中创作，从而降低表达与交流的难度，达到快乐表达的目的。

## 二、学科课程设置

"童化语文"课程是基于儿童发展需要的教育理念，结合语言文字知识进行联系，针对在校学生实际情况量身打造的课程。一至六年级具体课程设置如表1－2所示：

表1－2　广州市黄埔区荔园小学语文学科课程设置表

| | | 快乐识写 | 童味阅读 | 童创探究 | | 童声交流 | 童趣习作 |
|---|---|---|---|---|---|---|---|
| | | 纸上芳华 | 点亮童心 | 诗海拾贝 | 吟古诵今 | 口若悬河 | |
| 一年级 | 上学期 | 硬笔入门（基础笔画学习） | 绘本阅读 | 声律启蒙 | 《三字经》 | 讲故事，敢于表达 | 造句 |

| | | 快乐识写 | 童味阅读 | 童创探究 | | 童声交流 | 童趣习作 |
|---|---|---|---|---|---|---|---|
| | | 纸上芳华 | 点亮童心 | 诗海拾贝 | 吟古诵今 | 口若悬河 | |
| | 下学期 | 硬笔基础（字形结构学习） | 绘本阅读 | 唐诗吟诵 | 《百家姓》 | "请你帮个忙"，学会礼貌用语 | 一段话 |
| 二年级 | 上学期 | 硬笔提高1 | 绘本阅读 | 山水田园诗1 | 《笠翁对韵》 | 学会商量 | 写话 |
| | 下学期 | 硬笔提高2 | 绘本阅读 | 山水田园诗2 | 《笠翁对韵》 | 注意说话的语气 | 写话 |
| 三年级 | 上学期 | 钢笔字 | 成语故事 | 赠别诗1 | 《论语》 | 生活中的传统文化 | 写日记 |
| | 下学期 | 软笔基础 | 成语故事 | 赠别诗2 | 《论语》 | 说说我自己 | 写日记 |
| 四年级 | 上学期 | 软笔初级1（基本笔画学习） | 童话故事 | 哲理诗1 | 《大学》 | 编童话故事 | 编写童话故事 |
| | 下学期 | 软笔初级2（基本笔画练习） | 童话故事 | 哲理诗2 | 《大学》 | 以诚待人，提出建议 | 编写童话故事 |
| 五年级 | 上学期 | 软笔中级1（临摹常见字） | 人物传记 | 边塞诗1 | 《诗经》 | 策划一次活动 | 写好读后感 |
| | 下学期 | 软笔中级2 | 人物传记 | 边塞诗2 | 《诗经》 | 劝说 | 写好人物 |
| 六年级 | 上学期 | 软笔高级1 | 中外名著阅读 | 宋词1 | 《宋词三百首》 | 留在心里的印象 | 写好事情 |
| | 下学期 | 软笔高级2（书写作品） | 中外名著阅读 | 宋词2 | 《宋词三百首》 | 书写毕业赠言 | 学写简单应用文 |

## 三、学科课程内容

所有课程依据各年级学生学情,由易到难、由浅入深,由单一到综合、循序渐进,贯穿低、中、高三个年段,根据不同年段的知识储备和学生需求编制不同的内容,由各年级段的任课老师组织实施。具体课程实施如表1-3所示:

表1-3 广州市黄埔区荔园小学语文低中高年段课程实施表

| 课程名称 | 课程内容 | 组织实施 |
|---|---|---|
| 快乐识写 | 硬笔书法、软笔书法 | 在每节语文课中,根据低、中、高年级学段课程目标和课时教学目标,确定写字指导重点 |
| 童味阅读 | 绘本故事、成语故事、童话故事、人物传记、中外名著 | 设置阅读课。在每节课中组织学生进行各类书籍的阅读 |
| 童创探究 | 以中华民族的经典优秀文化为主要题材,进行经典诵读 | 诵读古典诗词,利用每天晨读时间组织学生循序渐进地诵读国学经典,背诵所学古诗词并理解所蕴含的深意 |
| 童声交流 | 讲故事、学会礼貌用语、学会商量、注意说话的语气、生活中的传统文化、说说我自己、编童话故事、提建议、策划一次活动、劝说、留在心里的印象、书写毕业赠言 | 在语文课堂教学的各个环节中,围绕每个主题,有意识地设计师与生、生与生的表达与交流 |
| 童趣习作 | 造句、写一段话、写日记、编写童话故事、写读后感、写好人物、写好事情、会写简单应用文 | 每次习作确定一个主题,对主题进行分类介绍,细化结构,从而降低习作的难度,达到快乐习作表达的目的 |

# 第四节　陶醉于童趣的语文境界

　　《义务教育语文课程标准(2022年版)》指出:"语言文字是人类最重要的交际工具和信息载体,是人类文化的重要组成部分。语言文字的运用,包括生活、工作和学习中的听说读写活动以及文学活动,存在于人类生活的各个领域。当今世界,经济全球化趋势日渐增强,现代科学和信息技术迅猛发展,新的交流媒介不断出现,给社会语言生活带来巨大变化,对中华优秀传统文化的继承,对语言文字运用的规范带来新的挑战。时代的进步要求人们具有开阔的视野、开放的心态、创新的思维,对人们的语言文字运用能力和文化选择能力提出了更高的要求,也给语文教育的发展提出了新的课题。"[1]学生是语文学习的主体,教师是学习活动的组织者和引导者。语文教学应激发学生的学习兴趣,培养学生自主学习的意识和习惯,引导学生掌握语文学习的方法,为学生创设有利于自主、合作、探究学习的环境。语文教师应高度重视课程资源的开发与利用,充分利用学校、家庭和社区等教育资源,创造性地开展各类活动,拓宽学生的学习空间,通过多种途径提高学生的语文素养。"童化语文"通过构建"童化课堂",开办"童化节日",创设"童化社团",做活"童化探究",建设"童化空间"等多种途径推进语文课程实施。

## 一、构建"童化课堂",提升语文课程品质

　　"童化课堂"是目标切实、内容广阔、过程灵动、方法多样的人文课堂。学习目标的确立真正以学生为主体,从学生的特征出发,使各个层次的学生的学习需要都得到满足,让学生既能获得新知识,又能对文本有独特的理解,挖掘语言文字背后的人文情感。"童化课堂"是以尊重学生元认知的学习水平为基础,借助学习内容的整合,把知识拓展、日常生活等各方面的资料引进课堂,丰富课堂内容,激活学生的认知冲突,活跃思维,靠学生自己的主观力量实现内在的自我价值提升的创新课堂形式。每节课的

---

① 中华人民共和国教育部.义务教育语文课程标准(2022年版)[S].北京:北京师范大学出版社,2022:6.

学习内容都体现语文知识与生活的融通、迁移,体现语文素养,体现情感、态度、价值观的转化,体现心灵与生命的成长。教师认真钻研教材,正确理解、把握教材内容,创造性地使用教材;积极开发、合理利用课程资源,灵活运用多种教学策略和现代教育技术,努力探索网络环境下新的教学方式,从报纸、杂志、电视、互联网及日常交际等现代人常处的语言环境中选取语文材料;精心设计和组织教学活动,重视启发式、讨论式教学,启迪学生智慧,提高语文课堂质量。"童化课堂"以灵活多变的教学设计和教学智慧滋养学生心灵,促进智慧成长。"童化课堂"除了掌握学科知识,还肩负着培养学生道德修养的责任。"童化课堂"鼓励学生去感受真实的生活,去抒发自己真实的情感,从广阔知识和生活小事中去寻找灵感,去发掘主题,去启迪智慧。用真情关注学生,用智慧激活学生,让课堂焕发生命的活力,让课堂呈现"童化课堂"的人文气息。

总之,"童化课堂"是多姿多彩的、丰富实用的、生动有趣的,是扎根于基础、发展于未来、有益于学生的课堂。

**(一)"童化课堂"的实践操作**

构建"童化语文"课堂,让语文课堂由重讲授、重做题、重结果向重活动、重生活、重能力改变。而这些改变需要多方面的努力与实施。具体操作如下:

1. 开展集体备课,推进校本教研

学科组长带领学科教师,年级备长带领级组老师定期进行集体备课活动,博采众长,推进学校校本教研。在课堂教学中,充分利用各方面资源,始终以"童化课堂"为核心,利用不同时段开展不同形式、不同主题、不同目的的拓展语文课,在不断实践、反思中提升课堂品质。

2. 创新课堂形式,领悟生活本真

语文学习不仅满足人的心理、情感、精神、审美等多方面价值的需要,还应有自己独特的理解和感悟。在不断的教学实践中,教师始终以"童化课堂"为核心,创新多种课堂形式,如"辩论式课堂""体验式课堂""探究式课堂""合作式课堂""问题式课堂"等。此外,"童化课堂"充分发挥学生的主体性、创造性,创设时政播报、小组辩论赛、读书卡片、综合性学习、研究性学习等活动,通过专题学习等方式,沟通听说读写,增加学生语文实践的机会。这些新课堂形式,充分结合校情、学情和社区资源,有力地推进了"童化课堂"的发展,全面提升学生的语文素养,让学生在新颖有趣的课堂活动中,对语文与生活的联系有更深刻的理解。

3. 研发校本教材，拓宽学生视野

语文学习首先是教科书学习，但教科书受篇幅的限制，所选文章数量不可能过多，难以满足学生大量阅读的需要。据此情况，教师立足于课内，在每课或者每单元结束后选取或体裁相同，或题材相近，或是同一作家的不同作品作为补充素材，力求与教科书形成呼应，沟通课内外学习，使二者相得益彰。让学生把课堂上获得的知识和能力，举一反三，用到课外阅读之中。便于同学们接触人类智慧的结晶，培养文化尊严感，提高阅读品位和审美能力。

4. 注重潜移默化，引领价值观导向

语文课堂涉及人文性及知识性。让学生树立起良好的道德情操，最终形成积极正确的人生态度及价值观，这是语文课堂至关重要的内容。"童化课堂"根据语文学科的特点，注重熏陶感染，潜移默化，把与课堂相关的道德内容渗透于日常的教学过程之中，并与现实相结合，让学生在学习语言知识及提高语文能力的同时不断受到感召，培养正确的价值观。

**(二)"童化课堂"的评价标准**

根据"童化课堂"的内涵特点，学校从教学目标、教学内容、教学过程、教学方法及人文情怀方面，制定"童化课堂"教学评价标准，促进教师专业发展，引领课堂发展方向。具体评价内容如表1-4所示：

表1-4　广州市黄埔区荔园小学语文学科"童化课堂"评价量表

授课教师：_____　课题：_____　学科：_____　年级：_____　日期：_____

| 评价类别 | 具体评价内容 | 分值 | 得分 |
|---|---|---|---|
| 知识掌握（10分） | 书本知识传授严谨准确，无科学性错误。 | 4分 | |
| | 教师知识储备运用灵活，课堂气氛活跃。 | 3分 | |
| | 师生互动产生新的知识，创新效果明显。 | 3分 | |
| 能力培养（10分） | 思维能力训练具有深刻性，能引导学生独立思考。 | 5分 | |
| | 观察、记忆能力培养到位，使学生养成良好的学习习惯。 | 5分 | |

| 评价<br>类别 | 具体评价内容 | 分值 | 得分 |
|---|---|---|---|
| 教学过程<br>（20分） | 恰到好处的环节设计,创设有利于学生思维发展的情境。 | 4分 | |
| | 激发兴趣的有效措施,开创有利于学生热爱学习的氛围。 | 4分 | |
| | 充分尊重学生的个性,打造有利于学生独立思考的课堂。 | 4分 | |
| | 安排科学有效的训练,拓宽有利于学生学会学习的途径。 | 4分 | |
| | 把握最佳的教育契机,形成有利于学生健康成长的教学。 | 4分 | |
| 教学方法<br>（20分） | 有能够调动起学生学习热情的有效方法。 | 4分 | |
| | 有能够把学生思维引向深入的有效方法。 | 4分 | |
| | 有能够引导着学生参与教学的有效方法。 | 4分 | |
| | 有能够促使学生合作、探究的有效方法。 | 4分 | |
| | 有能够指导学生记忆新知识的有效方法。 | 4分 | |
| 情感态度<br>（10分） | 教学过程中渗透思想品德教育,使学生获得感悟。 | 5分 | |
| | 学习过程中注重人文精神教育,使学生关爱他人。 | 5分 | |
| 语言文字<br>（10分） | 教师、学生语言表达清晰,使用普通话。 | 5分 | |
| | 教师、学生写字规范,无错别字。 | 5分 | |
| 教师素质<br>（20分） | 教材挖掘深刻,富有开拓性。 | 7分 | |
| | 板书设计精练,富有审美性。 | 7分 | |
| | 教学手段先进,富有创新性。 | 6分 | |
| 合计 | | 100分 | |

评教人:_____

## 二、开办"童化节日",丰富语文课程内容

基于语文学科的课程目标,我们开展了多种多样的语文活动,让学生参与其中,在乐中学,在乐中思,学生的学习兴趣自然而然地提高了,人文情怀也稳步地培养起来了。

**(一)"童化节日"课程内容与实施**

语文科组以"童化"文化为载体,以"润物无声,以情怀丰盈灵魂"为理念,遵循学生的身心特点和认知规律,开办"童化节日"课程,包括"童声诵经典""童笔秀书法""童心

演童剧""童手写童心""童言说故事""童手写童心""童眼览群书"等。多样的活动课程不仅巩固了知识,而且拓展了思维,创新了思想,更重要的是把理论知识转化成实践能力,让语文学习"活"了起来。具体课程的设立与实施如表1-5所示:

表1-5 广州市黄埔区荔园小学"童化节日"课程的内容与实施表

| 课程名称 | 课程内容 | 组织实施 |
| --- | --- | --- |
| 童声诵经典 | 以中华古诗词和经典美文为主要内容。 | 每周开设一次诵读课,用阅读课和早午读时间开展诵读活动,并在统一的时间地点进行比赛。 |
| 童笔秀书法 | 以"沉醉墨海,书写人生"为主题开展书法比赛。 | 分硬笔和软笔书法比赛,由学校提供纸张,统一用专业书法纸书写,各班推选数名同学的作品进行校内讲评和展示,其他同学的作品在班内作品墙展示。 |
| 童心演童剧 | 以课文为主要题材,以学生自导自演为主。 | 由学生选定课文,然后教师引导学生制作海报,招募演员,成立剧组。鼓励邀请教师或家长参与其中,适时给予指导和帮助。通过2—3周的时间进行演练,最后进行展示评比。 |
| 童手写童心 | 以观后感、读后感为主,也可写身边人、身边事,抒发自己的感受,感受奇妙的成长之旅。 | 征文文体不限,题目自拟,要求是自己的真实作品。学校组建评委团进行评比。 |
| 童言说故事 | 每年确定一个主题,展现儿童积极向上的精神面貌,用故事描绘七彩童年。 | 故事演绎可独立或合作完成。学生用一个星期的时间做准备,先在各自班级进行初赛,再选出前两名参加决赛。 |
| 童眼览群书 | 以课内外文学常识为主要内容,推荐学生阅读相关书目。 | 人人参与,闭卷笔试考查。评出本年级的10名阅读之星。 |

**(二)"童化节日"课程评价**

1. "童化节日"活动总体评价

一个好的课程实施,必须有一套系统的评价方案与之相配合,这样才能使之最大限度地发挥作用。"童化节日"课程的评价维度分为五大类别:活动开展、内容丰富、学生表现、活动效果和人文情怀。具体评价标准如表1-6所示：

表1-6 广州市黄埔区荔园小学"童化节日"活动评价量表

| 评价项目 | 评价内容 | 得分 |
|---|---|---|
| 活动开展<br>（20分） | 1. 活动内容生动有趣，体现人文性，能激发学生参与的热情。<br>2. 活动贴近生活，具有创新性。<br>3. 活动具有针对性，能切实提高学生的能力。 | |
| 内容丰富<br>（20分） | 1. 内容符合新课程标准的要求。<br>2. 知识具有一定的拓展，能让学生在积极参与活动的同时，拓展和丰富自己的知识。 | |
| 学生表现<br>（20分） | 1. 在活动中，学生充分发挥自己的主观能动性。<br>2. 能根据活动的要求，让学生在获得知识的同时，也得到情感上的丰富。 | |
| 活动效果<br>（20分） | 1. 整个活动开展流畅，各个环节衔接紧密。<br>2. 不仅学生通过活动得到能力的提升，老师也能从活动中获得一定的启发。 | |
| 人文情怀<br>（20分） | 1. 通过活动的开展，体会中华文化的博大精深，增强民族自信心和自豪感。<br>2. 通过活动的开展，帮助学生树立正确的人生观、世界观和价值观，从而更好地弘扬我们传统优秀文化。 | |
| 综合评价<br>（100分） | | |

2. "童化节日"活动延伸评价

评价是为了检验课程实施效果，更是为了推进课程实施，推动课程良性发展。为此，围绕"童化节日"，立足于对书香班级建设和学生阅读习惯养成，学校设置了系列评价量表，通过评优促优，带动学生走进书香世界，养成阅读习惯，成就优雅人生。具体评选项目包括：书香班级、书香家庭、阅读之星、最火书市。其评选要求如表1-7至表1-10所示：

表 1-7 广州市黄埔区荔园小学书香班级评价表

评委：_____ 日期：_____

| 类别 | 考核项目及分值 | 评分细则 | 分值 | 自评 | 核定 |
|---|---|---|---|---|---|
| 班级书香文化建设（40分） | 藏书量（10分） | 1. 各班人均拥有适合本年段阅读的图书2本,建立符合本班特色的借阅制度,确保图书整洁完好,形成一定的流动,并落实专人管理。 | 10 | | |
| | 阅读量（30分） | 2. 每人每学期阅读适合本年段阅读水平的书3—4本。（其中必须有一本文学名著） | 10 | | |
| | | 3. 有相关的读书记录。 | 10 | | |
| | | 4. 人人能背诵课标规定的本年段古诗文。有一半的学生能背诵课标规定外的自选经典美文1—2篇。 | 10 | | |
| 班级阅读氛围形成（60分） | 活动开展（30分） | 5. 开展富有班级特色的读书活动,有创意、有成效。 | 10 | | |
| | | 6. 各班建立相应的管理与奖励读书的办法,有小助手组织好读书活动,学生养成走进教室就读书的习惯。 | 10 | | |
| | | 7. 在班内同学间,段内班级间,建立好书交换站,定期举行好书"换着看"的活动。 | 10 | | |
| | 阅读习惯（30分） | 8. 全体学生都能积极热情地进行课外阅读,参与阅读交流,养成每天阅读书报的习惯,能坚持做"小读者手记",将读书活动中读到的精彩片段、好词好句、名人名言、心得体会等记录下来。 | 10 | | |
| | | 9. 能珍惜图书,爱护图书,做到借阅图书无丢失。 | 10 | | |
| | | 10. 积极开展阅读交流和指导活动,组织有效的读书活动。在校定的阅读课中,教师能积极参与指导。 | 10 | | |

表1-8 广州市黄埔区荔园小学书香家庭评选申报表

| 学生姓名 | | 班级 | | 家庭藏书量（册） | |
|---|---|---|---|---|---|
| 父亲姓名 | | 学历 | | 职业 | |
| 母亲姓名 | | 学历 | | 职业 | |
| 申报材料<br>（对照申报<br>要求自评） | | | | | |
| | 申报人签名：　　　　　年　　月　　日 | | | | |

申报要求：

（1）家庭文化氛围浓厚，有良好的读书学习风尚；利用周末或其他休息时间，家长能带孩子到书店或图书馆一起买书、看书，让读书成为一种休闲时尚，成为日常生活不可或缺的一部分。

（2）家庭藏书200册以上，每年购买新书10册以上；常年订有报纸杂志3份以上，学习培训费用在家庭消费中占有不低于5%的比例（不含在校学生学杂费和生活费用），并逐年增加必要的学习设施。

（3）家长能鼓励并督促孩子写读书笔记或做读书摘录（每周不少于2篇），引导孩子通过阅读思考人生，认识世界，发表自己独到的见解。

备注：

（1）家庭藏书主要指整本的书，不包括教材、教辅、杂志、漫画等。

（2）申报自评材料只需对照评比条件讲清自己家庭的书香特色以及申报理由，400字左右。

表 1-9　广州市黄埔区荔园小学阅读之星评选申报表

| 小一寸照片 | 姓名 | | 性别 | | 班级 | |
|---|---|---|---|---|---|---|
| | 出生年月 | | | | | |
| 家庭藏书量 | | | | | | |
| 爱读书目(2本以上) | | | | | | |
| 每日看书时间 | A. 30 分钟左右　　B. 1 小时以上　　C. 2 小时以上　　D. 更多 | | | | | |
| (最喜欢的课外书名字及主要内容,并说说喜欢的理由)<br>书名一:《　　　　　　　　　　　》<br>主要内容:<br>喜欢理由:<br>书名二:《　　　　　　　　　　　》<br>主要内容:<br>喜欢理由: | | | | | | |
| 备注 | | | | | | |

申报要求和说明:

　　根据学校 2021 年 4 月对全校学生展开的抽样调查,按照学生对书籍的喜爱程度而定出了各年段的阅读要求:低年级以童话、故事为主,中年级以科普读物为主,高年级以名人传记、小说为主。还包括读背我校系统开展的经典诵读书目,如《弟子规》《三字经》《论语》《大学》等。

　　阅读之星要求:(1)家庭藏书量在 100 本以上;(2)每天课外阅读达 1 小时以上;(3)每个星期做两篇读书笔记或写一篇读后感;(4)按年段要求选出两本自己喜欢的书,并说说书的主要内容及喜欢原因。

表 1-10　广州市黄埔区荔园小学跳蚤书市最佳摊位星级评分表

评分员:

| 班级 | 海报吸睛 | 摊位设计 | 文明买卖 | 摊位卫生 | 活跃度 | 合计星级 |
|---|---|---|---|---|---|---|
| 一(1) | | | | | | |
| 一(2) | | | | | | |
| 一(3) | | | | | | |
| 一(4) | | | | | | |
| ...... | | | | | | |
| 六(3) | | | | | | |
| 六(4) | | | | | | |

评分规则:(1)每个年级评选出两个"最佳摊位";(2)评委打分要求做到公平公正,星级从 1 颗星(最差)到 5 颗星(最好);(3)若出现售货员站在椅子上或桌子上吆喝,与其他商铺或消费者产生冲突等现象,取消"最佳摊位"评选资格。

# 三、创设"童化社团",发展语文学习兴趣

学生社团是学校进一步推动素质教育,实现特色办学的重要途径和有效方式。荔园小学开设混龄走班制选修课程近 40 门,活动课程丰富多样,贴近儿童,充满童趣,故名"童化社团"。丰富多样的"童化社团"有效提升学生综合素质,全面改变学生的精神面貌,使学生在各具特色的社团活动中培养兴趣,提升素养,涵养心灵,塑造品格。

**(一)"童化社团"的主要类型**

"童化社团"作为荔园小学课程文化的重要组成部分,作为学生课余文化的主要载体,是学生素质拓展的重要舞台。其内容主要涵盖文学、体育、艺术、科技四大门类,其中文学类有语言艺术、经典诵读、民俗文化等项目,具体包括绘本馆、朗读者、诗词汇、小记者等。基于语文学科开设的"童化社团"按照学段特点分布如下:一、二年级:朗读者、绘本馆;三、四年级:朗读者、G4 小记者;五、六年级:朗读者、诗词汇。

**(二)"童化社团"的实施办法**

第一阶段——建立社团管理小组,制定社团管理制度。学校高度重视学生社团的建设,成立由一把手校长为组长的学校社团工作领导小组,确定由教导处主管,负责教师和课程的管理,术科组负责学生管理和社团日常活动的协调,建立明确、科学的管理体制。每个社团都要制定章程和工作计划,落实活动时间,并都拥有固定活动地点或专用教室。

第二阶段——广泛宣传,动员师生参与。学校通过召开办公会议和全体教职工会议,认真学习落实有关文件,让教职工领会学校开展学生社团的精神实质;通过国旗下讲话及班主任宣传,让学生了解社团活动是怎么回事,使学生产生兴趣,踊跃报名,乐于参加。在广泛宣传发动的基础上,使师生真正认识到学生社团活动的重要意义和价值。

第三阶段——报名参加社团,社团筛选合格会员。每位同学于宣传活动后一周内,依据学校公布的选社程序,按照全员参与的原则在系统平台完成选报流程,原则上每一位同学只能参加一个社团。

第四阶段——开展社团活动。社团活动是教学活动的延伸与重要补充,在管理上视同正式上课,社团成员都必须积极参与社团活动,无故不参加社团活动者作旷课处理。各社团以校内活动为原则,安排固定时间和场地进行活动,若因课程需要到校外开展活动,需向社团活动领导小组书面申请核准,并需有老师率队。若利用假日开展

活动,需先向学校社团工作领导小组提出书面申请。

第五阶段——总结评价,反馈社团开展的情况。学校每学期将对各社团活动情况进行考核(考核细则另定)。对于表现突出的社团和指导老师,学校将给予奖励,各社团选修周期为一年,考核合格发放结业证书。

**(三)"童化社团"的评价体系**

学生社团考核办法是评估学生社团业绩的主要方法,是评选优秀社团的主要依据。为推进"童化社团"的健康发展,培养学生的创新能力和实践能力,提高学生的综合素养,我校结合校情和生情制定本评价细则,如表1-11所示,并按照本细则的要求对社团活动进行评价。

表1-11 广州市黄埔区荔园小学"童化社团"评价细则

| 项目 | 要 求 | 分值 | 评分 |
|---|---|---|---|
| 组织建设 | 有申请,有批复,有备案。 | 5 | |
| 管理体制 | 1. 学校定期对社团组织开展例会、安排总结。 | 5 | |
| | 2. 每个社团要固定1—2名带导教师,热心负责学生社团辅导工作。 | 5 | |
| | 3. 社团要有规范的课程目标和课程内容。 | 5 | |
| | 4. 社团每学期初要制定出操作性强的学期活动计划,学期末要有活动总结。 | 10 | |
| 活动开展 | 1. 依据课程计划开展活动,有详细的活动内容、记录、图片、签到表等。 | 15 | |
| | 2. 有固定的带导教师、社团学员,编入课表每周开展一次活动。 | 10 | |
| | 3. 对于整个活动的开展,带导教师要精心准备,因材施教。 | 5 | |
| | 4. 社团活动具有创新性,课程开发实施能满足学生的兴趣发展需求,重视发展学生的个性特长,能开发出适合学生特点和利于学生发展的校本课程,重视培养学生的实践能力,深受学生喜爱。 | 5 | |
| | 5. 每学期末要组织一次围绕社团活动开展的展示活动。 | 15 | |
| | 6. 积极承担各级各类比赛、演出任务等,做好梯队培养。 | 20 | |
| 总分 | | 100 | |

## 四、做活"童化探究"，转变语文学习方式

学习方式反映了人们获取知识的方法，而不同类型的知识有着各自不同的性质特征，所以，其认知方式显然存在差异，这便决定了其获取方式的差异。

### （一）"童化探究"的实践操作

#### 1. 开设阅读引领课

每两周开设一节课外阅读引领课，教师根据不同年级学生的知识结构、心理特点，不同阶段的教学任务和德育教育重点等，向学生推荐中外经典名著、人物传记、寓言故事等书籍，使阅读活动与课堂教学有机结合起来，相辅相成，互为补充。

对学生进行阅读方法的指导。教授学生科学有效的阅读方法和策略，训练学生找重点进行阅读的意识，教会学生根据自己的发展需要制定课外阅读计划、选择课外阅读书籍；要从学生的实际出发，有针对性地对他们进行阅读方法的指导，让学生掌握具体的阅读方法和阅读技巧，提高课外阅读的效率和效果。

要求学生做好读书笔记。引导学生对阅读内容进行整理，做读书笔记，启发和引导学生在阅读中思考，学会归纳学习心得，摘抄名言警句、精彩片段，提高自主学习的能力。

开展读书活动。有计划地组织学生开展读书活动，如读书分享会、故事分享会等系列交流活动，通过形式多样、丰富多彩的读书活动，推动和促进学生的课外阅读，同时为学生提供展示才华的机会，增强学生的成就感，培养学生对书籍的感情，提高学生的多种能力。

#### 2. 经典诗词大会

"经典诗词大会"是为激发学生对优秀传统文化的热爱，提高学生对经典诗词的认知，培养学生的人文情怀而组织的活动。活动提前发放 100 首经典诗词题目，学生以班级为单位，组成五个六人小组，并合作学习这些诗词内容，适当进行任务分工。以小组为单位进行诗词比赛。五组成员分别进行诗词接龙和诗词连连看两个环节，其余同学担任评委、监督人员、秩序维护人员和计分人员。比赛结束，得分最多的小组获得冠军，并进行奖励。

#### 3. 诵美德故事汇

以传统美德为载体，以故事为核心的"诵美德故事汇"活动，旨在弘扬中华民族传

统美德,增强学生的民族认同感,同时训练学生的语言表达能力。活动提前给出中华传统美德的五个主题:诚信、和谐、爱国、忠孝、自强,学生以班级为单位,组成五个六人小组,搜集与主题相关的经典故事和名言警句。以小组为单位举行故事会。五组成员竞相讲述,故事最精彩、喝彩声最多的获得奖励。故事汇结束,将每组最精彩的故事编辑成册。

4. 生活中的语文

注重培养学生对语文学习的兴趣和开拓学生的思维,让学生善于从生活中发现语文,感受语文的趣味性。基于此,我们开展了"生活中的语文"综合实践活动。学生组成小组,搜集街上招牌、广告词、对联等,并用图片或手抄的形式进行整合。各班以小组为单位分别展示所搜集的内容,学生合作交流其用意,谈谈收获,并为未来自己的店铺设计一块创意招牌。最后将自己的创意招牌制作出来张贴在自己的学习天地。

**(二)"童化探究"的评价要求**

以提高学生阅读兴趣、培养学生人文素养、发展学生人文情怀为目的,坚持评价标准多维化。定时定量进行阅读成果展示评定,自我评价和教师评价相结合。教师评价要做到定性与定量评价相结合,在定性评价中,教师要对学生的读书情况与能力进行分析,客观地描述学生读书的进步与不足,并提出建议。教师应关注学生的日常学习态度,将日常观察与成果展示相结合。把结果评价与过程评价相结合,搜集能反映学生在阅读过程中的资料。如:学生读书表现、读书兴趣、读书笔记等。

总评价采用等级制,标准分为 A(优秀,得分 90—100 分之间)、B(良好,得分 75—89 分之间)、C(合格,得分 60—74 分之间)、D(有待努力,得分 60 分以下)四个等级,先打分,总评时折合为 A、B、C、D 四个等级,具体评价标准如表 1－12 至表 1－15 所示:

表 1－12　广州市黄埔区荔园小学阅读活动评价量表

| 评价项目 | 评价内容 | 评价标准 | 自评 | 师评 | 平均分 |
|---|---|---|---|---|---|
| 阅读态度<br>(30 分) | 阅读兴趣<br>(10 分) | 具有浓厚的阅读兴趣,并能坚持每日阅读。 | | | |
| | 阅读量<br>(10 分) | 每日课外阅读量多于 3 000 字。 | | | |

| 评价项目 | 评价内容 | 评价标准 | 自评 | 师评 | 平均分 |
|---|---|---|---|---|---|
| | 活动参与情况（10分） | 每学期参加 3 次以上阅读活动，至少有 2 次获得优秀评定。 | | | |
| 阅读方法运用（40分） | 阅读指向性（20分） | 阅读目的明确，指向性强，能根据教师推荐书目自主选择书籍进行阅读，自主阅读意识较强。 | | | |
| | 阅读方法运用（20分） | 能够运用教师指导的阅读方法阅读某本书籍，并能根据不同书籍、不同内容选择不同阅读方法，会写相关批注、阅读心得等。 | | | |
| 阅读成果展示（30分） | 阅读过程性资料（20分） | 每学期写作不少于 5 篇阅读心得，能在心得中体现对作品中感人情景、形象及内涵的理解，能表达出自己的情感体验及获得的有益于成长的启示；阅读批注、摘抄等不少于 150 段，并能写出阅读感受，在批注中能体现理解力与表达力。 | | | |
| | 阅读活动参与度及测试成绩（10分） | 按时参加各项阅读活动及测试，测试成绩优异。 | | | |

表 1－13　广州市黄埔区荔园小学"经典诗词大会"活动评价量表

| 评价维度 | 评价内容 | 自评 | 师评 | 平均分 |
|---|---|---|---|---|
| 诗词熟练度的评定（20分） | 能准确、快速地进行诗词接龙。 | | | |
| 诗词准确度的评定（25分） | 能准确地进行诗句匹配。 | | | |
| 诗词理解度的评定（25分） | 能准确地对应作者和诗篇；能理解诗词内容。 | | | |
| 诗词书写的评定（30分） | 能正确、规范地书写相应诗句。 | | | |

表1-14  广州市黄埔区荔园小学"诵美德故事汇"活动评价量表

| 评价维度 | 评价内容 | 组评 | 师评 | 平均分 |
|---|---|---|---|---|
| 美德故事类别的评定（20分） | 能准确将美德故事按照五个主题进行归类。 | | | |
| 美德故事内容的评定（25分） | 能搜集与传统美德有关的故事，且内容与主题相符。 | | | |
| 美德故事生动性的评定（25分） | 能清晰、生动地讲述故事。 | | | |
| 美德故事讲述者的评定（30分） | 能准确概述故事内容；有感情地讲述故事。 | | | |

表1-15  广州市黄埔区荔园小学"生活中的语文"活动评价量表

| 评价维度 | 评价内容 | 组评 | 师评 | 平均分 |
|---|---|---|---|---|
| 搜集内容的有效性（20分） | 能搜集有益的招牌、广告词、对联等。 | | | |
| 搜集内容的操作性（25分） | 能从招牌中发现语文，并联系所学知识进行解读。 | | | |
| 自制招牌的合理性（25分） | 能创造与主题相关的招牌。 | | | |
| 自制招牌的创意性（30分） | 能创造有新意的招牌。 | | | |

## 五、建设"童化空间"，发展语文学习环境课程

语文是综合性、实践性很强的一门课程。小学语文课程标准指出："沟通课堂内外，充分利用学校、家庭和社区等教育资源，开展综合性学习活动，拓宽学生的学习空间，增加学生语文实践的机会。"也就是说，在小学语文教学过程中，教师要密切关注现代社会发展的需要，从多角度入手来拓宽学生的学习空间，注重跨学科的学习和对现

代科技手段的运用,使学生在不同内容和方法的相互交叉、渗透和整合中开阔视野,提高学习效率,使学生在丰富多彩的内容中找到学习的乐趣,进而在构建出高效语文课堂的同时,也为学生语文素养的全面提升做好基础性工作。

语文学习活动需要在一定的语文学习环境中进行,语文学习环境是指支持学习者语文学习的所有条件,它以学习主体为中心,包括硬件设施、空间氛围、人际交往及其动态的组合,可以支持自主探究、合作学习等类型的学习。语文学习环境,是语文学习无形的资源,是语文学习的隐性课堂。因此建设怎样的语文学习环境,使校外语文教育更好地与学校语文教育结合起来,充分地去开发、利用校外学习资源,丰富语文课程的内涵显得尤为重要。为了能充分发挥学生的主观能动性,并在其感兴趣的活动中创造出具有个人特色的课程,我校在教育教学工作中努力帮助学生拓展"童化空间",建设开放而有活力的语文课堂。具体内容如下:

**(一)强化课外阅读,给学生提供自主的学习机会**

《义务教育语文课程标准(2022 年版)》要求:"学生九年课外阅读量达到 400 万字以上,阅读材料包括适合学生阅读的各类图书和报纸。"[1]广泛的课外阅读不但能增长知识、开拓视野,而且能使已学到的读书方法、思维习惯、知识技能得到独立的实践,从而丰富知识、开发智力、培养能力。此时,若有充足的读物供学生阅读,将能培养他们爱读书的习惯。

为了让学生爱读书,形成自我阅读的习惯,我们开展了以下活动:

(1)除学校阅览室外,我们还在每一楼层设立两个读书阁,在学校首层设立"快乐书吧",让书成为学生课间生活的一部分。

(2)每个学段都有推荐阅读的课外书目。每个学生每周读一本好书,并在每周的阅读课上与同学分享心得。这样不仅大大提高了学生学习的主体地位,而且大大提高了学生的表达能力,真可谓是一举多得。

**(二)植根生活,紧跟时代,开展丰富多彩的语文活动**

语文是学生学习语言、积累语言和拓展知识的好范例。根据新课标的要求,在语文课堂上,我们开展了丰富多彩的课内外活动。

---

[1] 中华人民共和国教育部. 义务教育语文课程标准(2022 年版)[S].北京:北京师范大学出版社,2022:15.

1. 辩论赛

辩论赛是拓宽学生视野、纠正学生思维定势和培养学生语言表达能力的重要途径。在小学中高年段的教学中，把辩论赛引进课堂，有利于加深小学生的学习体验，让学生掌握学习的技能，使他们在以后面对类似问题时能自主解决。

2. 课本剧场

小学语文教材中有很多故事性很强的课文，这样的文章适合表演。我们可以教学生把这类文章改编成课本剧，让学生根据自己的意愿扮演文中的人物，进行个性化的表演。从改编到表演，其实也是学生深入理解课文内容的过程。与此同时，更重要的是锻炼了学生的合作能力、组织能力、创新能力、表达能力，培养了学生的自信心。

3. 荔小诗词大会

"中国诗词大会"是中央电视台的品牌栏目，我们把它移植到"童化语文"课堂上来。教师除了可以要求学生朗读、背诵教材中的优秀诗词文章外，还可以选择一些朗朗上口的儿歌、民谣、古诗词、现代短文，有意识地让他们多背。通过"荔小诗词大会"，让学生分享诗词之美，感受诗词之趣，从古人的智慧和情怀中汲取营养，涵养心灵，提高学生的语文综合能力。

**（三）让学生在感兴趣的自主活动中提高语文素养**

"语文综合性学习"是具有综合性质的语文学习，它是以一个又一个专题来进行的，每个专题的学习都指向语文素养的提高。因此，我校每学期都安排一次校外研究性学习活动，学习的内容从语文向各个学科延伸，需要小学生在语文学习的同时亲自去尝试、探索和实践，通过各种可能的方式和途径，最终完成学习活动。这种综合性强的研究性学习活动，着重培养学生的创新精神与实践能力，有效地推进了学习方式的改变，扩展了学习资源，拓宽了"童化语文"学习空间，加强了开放而有活力的语文课程建设，有效地促进了学生语文素养的全面提高。

总之，生活处处皆语文。长期以来，我们的语文教学受传统教育观念的影响，困于校内，困于教材，学生的学习得不到发展。如果我们在利用课堂很好地学习、理解、消化的同时，有针对性地将语文学习引向生活，无疑会取得事半功倍的效果。我们坚信，通过"童化空间"的建设，发展语文学习环境，定能提升学生的语文技能和综合素养，使学生在潜移默化中成长为具有高远情怀的青少年。

（撰稿者：张媚　葛艳　邹雪霞　侯伟玲　陈娟）

# 第二章
# 文化引领性与灵动数学

内生性课程变革需要学校文化引领。只有处于学校文化的情境脉络中，才能廓清课程变革的本质，真正理解学校的文化品质。学校课程建设既要有为了儿童学习需求的"面"，更要有根植于学校文化的"底"。学校文化是学校课程整体性建设遵循的法则，也是内生性变革的内生起点。"灵动数学"是一种课程价值观，也是一种课程实践策略，它以"变"促"动"，以"动"促"活"，以"活"促"学"，聚焦文化，扎根文化，最终培养活泼泼的儿童，重塑知识的学习图景。

广州市黄埔区荔园小学数学科组，师资队伍优良，结构合理，共有 6 组，共计 12 人。其中，南粤优秀教师 1 人，广东省骨干教师 1 人，广州市数学学科骨干教师 1 人，黄埔区骨干教师 3 人，高级职称教师 1 人，科组成员多次在省、市、区各级优质课、基本功大赛中获奖。我们依据教育部《关于全面深化课程改革 落实立德树人根本任务的意见》《义务教育数学课程标准（2022 年版）》等文件精神，推进我校数学学科课程群建设，成效喜人。

# 第一节　认本质，学习有价值的数学

## 一、学科性质观

《义务教育数学课程标准(2022 年版)》指出："数学是研究数量关系和空间形式的科学。义务教育数学课程以习近平新时代中国特色社会主义思想为指导,落实立德树人根本任务,致力于实现义务教育阶段的培养目标,使得人人都能获得良好的数学教育,不同的人在数学上得到不同的发展,逐步形成适应终身发展需要的核心素养。"[①]"灵动数学"倡导师生平等、合作、交流。在学习中,教师一方面要给学生创新的时空,挖掘学生主体中出类拔萃的灵性,另一方面要给学生心理上的自由,只有让每一个学生的灵性都得到生动活泼的释放,他们的智慧火花才得以闪现,他们的各种能力才会得到全面发展。《义务教育数学课程标准(2022 年版)》还指出："学生的学习应是一个主动的过程,认真听讲、独立思考、动手实践、自主探索、合作交流等是学习数学的重要方式。"[②]只有在教学活动中实现真正有效的互动交往,才能时时闪现生命的灵性和活力。在"灵动数学"的学习中,学生能主动开展数学探究与实践,积累数学活动经验,在实践中进行体验并检验数学知识,从探究与实践中获得成功体验,让数学学习灵性飞扬。

义务教育阶段的数学课程应突出体现基础性、普及性和发展性,使数学教学面向全体学生,实现人人学有价值的数学,人人都能获得必需的数学;不同的人在数学上得到不同的发展。我们从四个方面来理解:一是义务教育阶段的数学课程要促进每一个学生的发展;二是义务教育阶段的数学课程应该向学生提供有价值的数学;三是义务教育阶段的数学课程要使每一个人"都能获得必需的数学";四是使不同的学生在数学上都能获得成功。新课程背景下的小学数学学习活动不再是封闭的知识集中训练营,

---

① 中华人民共和国教育部. 义务教育数学课程标准(2022 年版)[S]. 北京:北京师范大学出版社,2022:1.

② 中华人民共和国教育部. 义务教育数学课程标准(2022 年版)[S]. 北京:北京师范大学出版社,2022:3.

也不是单纯的知识递延,而是一种有灵性的学习活动。通过学生在课堂上的自主学习和合作探究,灵感得到激发,灵性得到飞扬,数学课堂有灵性,数学教与学更精彩,更有效,促使数学课程更加精彩纷呈,彰显灵动数学。

## 二、学科课程理念

我校在把握数学学科性质的基础上,扎实开展教学实践,明确提出了"灵动数学"的学科课程理念。"灵动数学"可以体现出数学的学习是一个动态生成的过程,具有灵活性、实践性、生活化,是一个充满智慧的、个性化的学习过程,让数学学习富有灵性,充满生命的律动。通过"灵动数学"的开展,使学生在乐学、善思、共享的动态学习过程中提升数学学科素养,追求小学数学教育的真义。学生在学习的过程中体验数学学习的价值,促进个人数学核心素养的初步养成。

我校秉持"灵动数学"的学科课程理念,面向全体学生,适应学生个性发展的需要,在课程实施过程中,因材施教,因学而教,帮助学生找到适合自己的学习方法,不断建构属于自己的知识体系,逐步提升自己的数学素养。人人都能获得必要的数学教育,不同的人在数学上得到不同的发展。

### (一)"灵动数学"启迪灵性

数学教学不仅要关注数学知识系统形成、逻辑思维养成、公式概念确立等知识层次的学习,还需要关注自然科学应有的形象思维,将情感、意志和审美情趣融入数学教学。学校提倡"灵动数学",就是要把数学学习视为一种内心的生活,一种交流与沟通的学习过程,充分启迪学生本来拥有的灵性。在数学学习活动中,教师以保护与激发学生灵性作为数学教学的最终目标,还学生以心灵的自由,还学生以个性,还学生以灵性、活力。教师实施"灵动数学",让数学课程目标的达成不仅关注数学知识、技能的传授,也关注数学思想的感悟及数学活动经验的积累;不仅关注对学生数学能力的培养,也关注其兴趣、情感、态度、价值观的培养,即传授知识、激发兴趣、启迪灵性、完善人格。

### (二)"灵动数学"培育思想

数学思想是指现实世界的空间形式和数量关系反映到人们的意识之中,经过思维活动而产生的结果。数学思想是对数学事实与理论经过概括后产生的本质认识;基本数学思想则是体现或应该体现于基础数学中的,具有奠基性、总结性和最广泛的数学思想,它们含有传统数学思想的精华和现代数学思想的基本特征,并且是历史地发展着的。通过数学思想的培养,数学的能力才会有一个大幅度的提高。掌握数学思想,就是掌握数学的精髓。"灵动数学"在学生学习数学知识的过程中适时、科学、有效地渗透数学思想,真正对学生以后的学习、生活和工作长期起作用并使他们终身受益,为学生的终身学习和发展奠定基础。

**(三)"灵动数学"重视实践**

数学来源于生活并应用于生活,是数学教育的最终目的。《义务教育数学课程标准(2022 年版)》指出:"有效的教学活动是学生学和教师教的统一,学生是学习的主体,教师是学习的组织者、引导者与合作者。"①学生通过数学实践活动了解数学与生活的广泛联系,学会综合运用所学的知识和方法解决简单的实际问题,加深对所学知识的理解,获得运用数学解决问题的思考方法。更重要的是,学生的学习应是一个主动的过程,认真听讲、独立思考、动手实践、自主探索、合作交流等是学习数学的重要方式。教学活动应注重启发式,激发学生学习兴趣,引发学生积极思考,鼓励学生质疑问难,引导学生在真实情境中发现问题和提出问题,利用观察、猜测、实验、计算、推理、验证、数据分析、直观想象等方法分析问题和解决问题;促进学生理解和掌握数学的基础知识和基本技能,体会和运用数学的思想与方法,获得数学的基本活动经验;培养学生良好的学习习惯,形成积极的情感、态度和价值观,逐步形成核心素养。"灵动数学"主张在数学学习过程中适时有效地开展数学实践活动,让学生在实践中自主、自悟、自得,从而将书本知识内化为自己的知识、技能,有利于培养学生学习数学的兴趣,促进学生个性、特长和谐发展,从而全面提高学生的综合素质。

**(四)"灵动数学"倡导辨析**

马克思曾说:"真理是由争论确立的。"是的,如果没有争议,就不能"别同异""分是非""辨曲直"。因此,争议也就成了数学教育乃至现实生活中不可或缺的内容。"一千个读者心目中有一千个哈姆雷特"。学生因生活体验、个体感悟等因素的不同,因理解角度、理解深度的不同,对于数学现象的理解也必然有所差异。在数学课堂上,假如能

---

① 中华人民共和国教育部. 义务教育数学课程标准(2022 年版)[S]. 北京:北京师范大学出版社,2022:3.

够引入争议，就可以激发学生独立思考、求异、创新的积极性，从而有效地激发起他们的灵性。数学是一门充满辩证法的学科。在小学数学教材中富含辩证的学习素材，"灵动数学"主张在课程实施的过程中，有目的、有意识地逐步渗透，发展学生的明辨性思维，帮助学生世界观的形成。

### （五）"灵动数学"强化创新

数学的创造性智慧，源于它是一种创造性的活动，这种创造性不是推翻已有的大厦重建，而是在原有的基础上添砖加瓦，即便是另立高楼，那也会在新楼与旧楼之间构造回廊，使新楼、旧楼成为一体，使数学大厦的根基更加牢固。"灵动数学"追求在"发现问题、提出问题、分析问题、解决问题"的递进式的数学学习过程中提升学生的数学素养，每一次问题的解决都是一次数学智慧的生长，也是数学学习的愉快体验，更是数学智慧的创新。

正是数学给了人类美的智慧、真的智慧、创造探索自由的智慧，实现数学灵性的发展。

## 第二节　挖内涵，把握数学教育真义

　　《义务教育数学课程标准（2022年版）》课程目标的确定，立足学生核心素养发展，集中体现数学课程育人价值。（1）会用数学的眼光观察现实世界。数学为人们提供了一种认识与探究现实世界的观察方式。通过数学的眼光，可以从现实世界的客观现象中发现数量关系与空间形式，提出有意义的数学问题；能够抽象出数学的研究对象及其属性，形成概念、关系与结构；能够理解自然现象背后的数学原理，感悟数学的审美价值；形成对数学的好奇心与想象力，主动参与数学探究活动，发展创新意识。（2）会用数学的思维思考现实世界。数学为人们提供了一种理解与解释现实世界的思考方式。通过数学的思维，可以揭示客观事物的本质属性，建立数学对象之间、数学与现实世界之间的逻辑联系；能够根据已知事实或原理，合乎逻辑地推出结论，构建数学的逻辑体系；能够运用符号运算、形式推理等数学方法，分析、解决数学问题和实际问题；能够通过计算思维将各种信息约简和形式化，进行问题求解与系统设计；形成重论据、有条理、合乎逻辑的思维品质，培养科学态度与理性精神。（3）会用数学的语言表达现实世界。数学为人们提供了一种描述与交流现实世界的表达方式。通过数学的语言，可以简约、精确地描述自然现象、科学情境和日常生活中的数量关系与空间形式；能够在现实生活与其他学科中构建普适的数学模型，表达和解决问题；能够理解数据的意义与价值，会用数据的分析结果解释和预测不确定现象，形成合理的判断或决策；形成数学的表达与交流能力，发展应用意识与实践能力。[①] 基于数学学科核心素养的内涵，着力培养学生的数学核心素养，结合"灵动数学"的课程理念，设置数学学科课程目标。

## 一、学科课程总体目标

　　《义务教育数学课程标准（2022年版）》明确提出："课程目标的确定，立足学生核

---

① 中华人民共和国教育部. 义务教育数学课程标准（2022年版）［S］.北京：北京师范大学出版社，2022：1—7.

心素养发展,集中体现数学课程育人价值。数学课程要培养的学生核心素养,主要包括三方面:会用数学的眼光观察现实世界,会用数学的思维思考现实世界,会用数学的语言表达现实世界(简称'三会')。"①学生获得适应未来生活和进一步发展所必需的数学基础知识、基本技能、基本思想、基本活动经验。体会数学知识之间、数学与其他学科之间、数学与生活之间的联系,在探索真实情境所蕴含的关系中,发现问题和提出问题,运用数学和其他学科的知识与方法分析问题和解决问题。对数学具有好奇心和求知欲,了解数学的价值,欣赏数学美,提高学习数学的兴趣,建立学好数学的信心,养成良好的学习习惯,形成质疑问难、自我反思和勇于探索的科学精神。② 我们将"灵动数学"课程总目标分为知识技能、数学思考、问题解决和情感态度四个方面。

**(一) 知识技能方面**

经历数与代数的抽象、运算与建模等过程,掌握"数与代数"的基础知识和基本技能;经历图形的抽象、分类、性质探讨、运动、位置确定等过程,掌握"图形与几何"的基础知识和基本技能;经历在实际问题中收集和处理数据、利用数据分析问题、获取信息的过程,掌握"统计与概率"的基础知识和基本技能;参与综合实践活动,积累综合运用数学知识、技能和方法等解决简单问题的数学活动经验。

**(二) 数学思考方面**

建立数感、符号意识和空间观念,初步形成几何直观和运算能力,发展形象思维与抽象思维;在参与观察、实验、猜想、证明、综合实践等数学活动中,发展合情推理和演绎推理能力,清晰地表达自己的想法;体会统计方法的意义,发展数据分析观念,感受随机现象。

**(三) 问题解决方面**

初步学会从数学的角度发现问题和提出问题,综合运用数学知识、技能和方法等解决简单的实际问题,增强应用意识,提高实践能力;获得分析问题和解决问题的一些基本方法,体验解决问题方法的多样性,发展创新意识;学会与他人合作交流;初步形成评价与反思的意识。

---

① 中华人民共和国教育部. 义务教育数学课程标准(2022 年版)[S]. 北京:北京师范大学出版社, 2022:5—6.

② 中华人民共和国教育部. 义务教育数学课程标准(2022 年版)[S]. 北京:北京师范大学出版社, 2022:11.

## (四) 情感态度方面

积极参与数学活动,对数学有好奇心和求知欲;在数学学习过程中,体验获得成功的乐趣,锻炼克服困难的意志,建立自信心;体会数学的特点,了解数学的价值;养成认真勤奋、独立思考、合作交流、反思质疑等学习习惯,形成坚持真理、修正错误、实事求是的科学态度。

## 二、学科课程年段目标

依据数学课程的总目标,以及我们对教材、教师教学参考用书的解读,结合每个学段的学习内容,考虑到每个学段的年龄心理特点,为了适应学生个体发展的需要,我们制定了一至六年级"灵动数学"课程目标。这里以一年级为例,具体如表2-1所示:

表2-1 广州市黄埔区荔园小学数学学科"灵动数学"课程年级目标表

| 年级\单元\学期 | 上学期 | 下学期 |
|---|---|---|
| 一年级 第一单元 | 共同要求<br>1. 通过数数活动,了解学生数数的水平以及对数数的基本方法的掌握情况,帮助学生初步了解计数物体个数的基本方法。<br>2. 在比较物品多少的活动中,了解学生对"同样多""多""少"等含义的理解程度以及对比较物体多少的基本方法的掌握情况,帮助学生体验一些具体的比较方法。<br>3. 了解学生的语言表达情况、倾听能力以及常规习惯,为教师有效把握教学起点做好准备。 | 共同要求<br>1. 使学生直观认识长方形、正方形、平行四边形、三角形和圆等平面图形,能够辨认和区分这些图形。<br>2. 通过拼、摆、画、折等活动,使学生直观感受所学平面图形的特征。<br>3. 通过观察、操作,使学生初步感受所学图形之间的关系。<br>4. 培养学生初步的观察能力、动手操作能力和语言表达能力,同时感受图形与日常生活的密切联系,并学会从数学的角度观察周围的世界。 |

| 年级\单元\学期 | 上学期 | 下学期 |
|---|---|---|
| | 校本要求<br>1. 了解学校生活,对学生进行人文教育,并使学生逐步养成仔细观察、认真思考的良好习惯。<br>2. 了解学校生活,对学生进行入学教育,并使学生逐步养成仔细观察、认真思考的良好习惯。 | 校本要求<br>1. 经历从实际物体中抽象出简单平面图形的过程,初步感知所学平面图形的特征。<br>2. 通过找一找、画一画、拼一拼等数学活动,进一步体会所学平面图形的特征。 |
| 第二单元 | 共同要求<br>1. 通过直观演示和动手操作,使学生认识"上、下""前、后""左、右"的基本含义,初步感受它们的相对性。<br>2. 使学生会用"上、下""前、后""左、右"描述物体的相对位置。<br>校本要求<br>1. 设计生动有趣的游戏活动,引导学生辨认位置关系。<br>2. 培养学生学习数学的兴趣和爱好,使其在学习过程中获得成功的体验,建立自信心。 | 共同要求<br>1. 学生能借助操作、画图等方式,理解 20 以内退位减法的算理,掌握 20 以内退位减法的基本方法,能熟练、准确地口算 20 以内的退位减法。<br>2. 使学生初步学会用加法和减法解决简单的实际问题。<br>3. 通过数学学习,使学生学会与他人合作与交流,体验数学与日常生活的密切联系,感受数学在日常生活中的作用。<br>校本要求<br>1. 通过创设学生熟悉的问题情境,进一步体会整数减法的意义,感受数学价值。<br>2. 经历与他人交流各自算法的过程,掌握 20 以内退位减法的算法。 |
| 第三单元 | 共同要求<br>1. 使学生能够正确认、读、写 5 以内各数,注意形成正确的握笔姿势和写字姿势,注意书写工整。 | 共同要求<br>1. 使学生能够根据给定的标准或自己选定的标准进行分类,体验分类结果在单一标准下的一致性和不同标准下的多样性。 |

| 学期 年级单元 | 上学期 | 下学期 |
|---|---|---|
| | 2. 使学生会用 5 以内各数表示物体的个数和顺序,会区分几个(基数含义)和第几个(序数含义)。掌握 5 以内各数的组成(能对 5 以内的数进行分与合)。<br>3. 认识符号">""<""="的含义,知道用词语(小于、大于、等于)来描述 5 以内数的大小。<br>4. 初步理解加减法的含义,会用自己理解的方法口算 5 以内的加减法。<br>5. 初步感受学习数学的乐趣,培养良好的学习习惯。<br>校本要求<br>1. 形成正确的握笔姿势和写字姿势,书写工整。<br>2. 能运用 5 以内各数表示日常生活中的一些事物,并进行交流,初步感受数学与生活的联系。 | 2. 使学生经历简单的数据整理过程,能够用自己的方式(文字、图画、表格等)呈现分类的结果。<br>3. 使学生能够对数据进行简单的分析,并能根据数据提出简单的问题。<br>校本要求<br>1. 通过开展"整理书包""整理自己的房间"等日常生活中的分类活动,感受分类在生活中的作用——使生活变得整洁、方便,养成良好的生活习惯,建立分类的思想。<br>2. 在分类计数的基础上,进行简单的数据分析,感受数据蕴涵的信息。 |
| 第四单元 | 共同要求<br>1. 使学生在分类、观察、动手操作等活动中,直观认识长方体、正方体、圆柱和球等立体图形,并能够辨认和区别这些图形。<br>2. 使学生在拼、摆、搭等活动中,获得对简单几何体的直观体验,并进一步认识立体图形的显著特征。<br>3. 使学生在对生活中的实际物体进行分类的活动中渗透分类思想。<br>4. 培养学生初步的观察、想象、表象思维和语言表达的能力,初步建立空间观念,初步感受数学与实际生活的联系。 | 共同要求<br>1. 使学生能够正确地数出 100 以内的物体的个数,知道这些数是由几个十和几个一组成的,掌握 100 以内数的顺序,会比较 100 以内数的大小。<br>2. 使学生知道个位和十位的意义,能够正确、熟练地读、写 100 以内的数。<br>3. 结合数的认识,使学生会计算整十数加一位数和相应的减法。<br>4. 结合具体事物,使学生感受 100 以内数的意义,会用 100 以内的数表示日常生活中的事物,并进行简单的估计和交流,逐步培养学生的数感。 |

| 年级 单元 学期 | | 上学期 | 下学期 |
|---|---|---|---|
| | | 校本要求<br>1. 从玩积木开始引入,让学生带着问题玩积木,创设充满童趣的学习氛围。<br>2. 创设丰富多彩的学习活动,加强学生辨认长方体、正方体、圆柱和球等立体图形的能力。 | 校本要求<br>1. 充分利用贴近学生的生活素材和直观化、结构化的学具,并借助认数工具,在实践活动中理解掌握 100 以内数的概念。<br>2. 借助"百数表""数尺""数轴"等认数工具,使学生在思考、交流、对比等活动中,了解 100 以内数的排列顺序,学会用符号和词语描述 100 以内数的大小。 |
| | 第五单元 | 共同要求<br>1. 使学生熟练地数出 6～10 各数,会读、写这些数,并会用这些数表示物体的个数或事物的顺序和位置。<br>2. 使学生掌握 6～10 各数的顺序,会比较它们的大小,熟练地掌握 10 以内各数的组成。<br>3. 使学生进一步认识">""<""="的含义,知道用这些符号来表示数的大小。<br>4. 使学生比较熟练地口算 10 以内的加减法。<br>5. 使学生比较熟练地进行 10 以内的连加、连减和加减混合计算。<br>6. 使学生用 10 以内的加减法解决生活中的简单问题,初步感受数学与日常生活的密切联系,体验学数学、用数学的乐趣。<br>7. 使学生受到热爱家乡、热爱自然、保护环境、讲卫生等方面的教育,促进学生在情感、态度等方面的健康发展。 | 共同要求<br>1. 使学生认识人民币的单位有元、角、分,知道 1 元＝10 角、1 角＝10 分。<br>2. 使学生认识各种常用面值的人民币,了解各面值人民币之间的关系,并会进行简单的计算。<br>3. 通过购物活动,使学生初步体会人民币在社会生活、商品交换中的作用,感受元是人民币单位中最常用的主要单位,初步了解简单的货币文化,并知道爱护人民币。<br>校本要求<br>1. 从学生的生活经验出发,使学生借助模拟人民币学具,通过分类、兑钱等数学活动,认识人民币的单位及它们之间的十进制关系,认识各种常用面值的人民币,能进行简单的计算,并进行爱护人民币的教育,渗透爱国主义情感。 |

| 学期 年级 单元 | 上学期 | 下学期 |
|---|---|---|
| | 校本要求<br>1. 通过手操作、直观或数的组成学习相应的加法和减法，通过计算加深对数概念的理解。<br>2. 用图文结合的方式提供了解决问题的一般步骤，引导学生学会用数学的眼光观察周围世界，培养学生从生活中发现并提出数学问题的能力。 | 2. 开展"购物""凑钱"等各种数学活动，在多次体验中逐步学会和巩固"尝试—调整""有序罗列"两种不同解决问题的策略，进一步沟通生活与数学之间的联系，感受数学的应用价值。 |
| 第六单元 | 共同要求<br>1. 认识 11～20 各数，能够正确、有序地读写各数。<br>2. 认识个位和十位，初步认识十进制，初步认识位值制以及初步体验位值制的作用。<br>3. 了解加法和减法算式各部分的名称，能够计算简单的 10 加几和相应的减法，初步感受 10 加几和相应的减法的计算规律。<br>4. 能够在解决"之间有几个"的问题中继续体验分析问题、解决问题和检验回顾的解决问题的过程，并能用数数的方法解决简单的"之间有几个"的问题，为理解"植树模型"积累基本活动经验。<br>5. 能够初步了解加法算式与减法算式之间的关系。<br>校本要求<br>1. 在学习情境中认识 11～20 各数，建立数的概念。 | 共同要求<br>1. 借助小棒、计数器等直观学具的操作，使学生理解 100 以内加法和减法的口算算理，能口算 100 以内整十数加、减整十数和两位数加、减个位数和整十数的试题。<br>2. 认识小括号，能口算含有小括号的两步加、减混合运算。<br>3. 学会用已有的知识解决数目比较大的同数连加、连减同数的实际问题。<br>4. 通过数学学习，感受 100 以内的加、减法和 20 以内的加、减法有着密切的联系，体会数学的价值。<br>校本要求<br>1. 学会使用小棒、计数器等直观学具，通过操作、类比、标注口算过程图等方式，理解 100 以内加、减法的口算算理，掌握 100 以内加、减法的口算算法，逐步形成 100 以内加、减法的口算技能。 |

| 学期<br>年级<br>单元 | 上学期 | 下学期 |
|---|---|---|
| | 2. 通过多种模型帮助学生理解数的意义,建立数的概念,比如小棒、计数器、尺子图、方格图、数位顺序表等,培养学生的数感。 | 2. 在了解解决问题的一般步骤、初步获得解决问题策略的基础上,丰富学生解题的策略,积累解决问题的经验,逐步提高解决问题的能力,并为今后学习乘法和除法奠定基础。 |
| 第七单元 | 共同要求<br>1. 结合生活经验,使学生会认、读、写整时。<br>2. 培养学生的观察能力。<br>校本要求<br>1. 动手拨动钟表,引导学生细致观察,每到整时就要停下来,观察并记住分针、时针指向的数。<br>2. 学生初步建立时间观念,从小养成珍惜时间和遵守时间的良好习惯。 | 共同要求<br>1. 通过观察、实验、猜测等活动,使学生发现图形或数字排列的简单规律,理解规律的含义,并能描述和表示规律,同时会根据发现的规律进行推理,确定后续图形或数字的排列方式。<br>2. 在发现规律、描述和表示规律以及简单应用规律的过程中,培养学生初步的观察能力、数学表征能力和推理能力。<br>3. 使学生感受规律在生活中的广泛应用,初步培养学生欣赏数学规律美的意识。<br>校本要求<br>1. 创设学生熟悉的生活情境,在观察、操作、交流等活动中,理解规律的含义,探索、表征给定图形或数字中简单的排列规律,激发学生探索规律的兴趣,培养学生发现数学规律美的意识。<br>2. 通过解决实际问题,进一步培养学生探索规律的意识和能力及分析、推理能力,丰富学生的解题策略,感受数学规律在生活中的广泛应用,体会学习数学的价值。 |

| 学期<br>年级 单元 | 上学期 | 下学期 |
|---|---|---|
| 第八单元 | 共同要求<br>1. 使学生知道 20 以内进位加法的基本方法,能熟练、准确地口算 20 以内的进位加法。<br>2. 使学生学会用加法解决简单的实际问题。<br>3. 使学生通过数学学习,体验数学与日常生活的密切联系,感受数学在日常生活中的作用。<br>校本要求<br>1. 使学生了解"凑十法"的过程,并达到熟练计算,初步形成一定的计算能力。<br>2. 使学生感受数学与日常生活的密切联系,感受数学在日常生活中的作用。 | 共同要求<br>1. 通过总复习,使学生全面回顾、梳理、总结所学内容,进一步巩固所学知识,提高计算能力以及运用所学知识解决简单实际问题的能力。<br>2. 通过总复习,使学生回顾学习过程中最有趣的事情,感受学习数学的乐趣,获得积极的情感体验,增强学习数学的兴趣。<br>3. 初步了解总复习的方法,初步感受复习的作用。<br>校本要求<br>1. 在学习新百数表的过程中探究其中的规律,发展学生对数及运算的认识,激发学生的探究兴趣,发展学生的思维。<br>2. 通过平面图形的拼组,对平面图形进行整理与复习,进一步加强对平面图形的再认识。 |

# 第三节 丰结构，满足个性学习需求

为了实现数学学科课程目标及校本要求，我校数学课程分为基础性课程和拓展性课程，基础性课程主要以国家课标教材为教学媒介，全面有效实施国家课程；拓展性课程主要满足学生的个性化学习需求，开发和培育学生的潜能和特长，培养学生的自我认知和自我选择能力。

## 一、学科课程结构

《义务教育数学课程标准（2022年版）》中指出，各学段四大部分的课程内容分别是"数与代数""图形与几何""统计与概率""综合与实践"。在现代的数学课堂上，应当注重发展学生的数感、量感、符号意识、运算能力、几何直观、空间观念、推理意识、数据意识、模型意识。为了适应时代发展对人才培养的需求，数学课程还要特别注重发展学生的应用意识和创新意识。[①] 基于对《义务教育数学课程标准（2022年版）》的解读与思考，以及结合我校课程文化理念，"灵动数学"在四大部分课程内容的标准下，将从"灵动运算""灵动创意""灵动统计""灵动探究"四大模块进行课程建构，如图2-1所示：

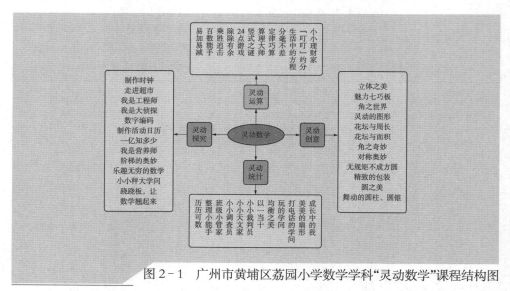

图2-1 广州市黄埔区荔园小学数学学科"灵动数学"课程结构图

---

① 中华人民共和国教育部. 义务教育数学课程标准（2022年版）[S]. 北京：北京师范大学出版社，2022：7—11.

"灵动数学"四大部分课程内容具体描述如下：

## （一）灵动运算

灵动运算主要内容为数的运算及与运算相关联的趣味游戏等。通过开展有趣的计算、巧算活动，丰富学生的解题策略，提高学生的计算兴趣和计算能力，发展其思维灵活性。灵动运算开设的课程有"易加易减""百数能手""乘胜追击""除除有余""24点游戏""竖式之谜""算理大师""定律巧算""分毫不差""生活中的方程""'叮叮'约分"和"小小理财家"。"数与代数"是小学数学基础课程的重要领域，开设与"数与代数"相关联的拓展课程，旨在建立学生的数感，发展学生的运算能力，激发学生学习数学的兴趣，更有助于学生理解运算的算理，寻求合理简洁的运算途径来更好地解决问题。

## （二）灵动创意

灵动创意主要内容为拼搭图形、创造图形，以及设计创造空间模型。本模块的设立旨在根据学生已有的生活经验和不同的认知规律，调动学生的多种感官进行探究活动，经历剪、拼、画等动手操作活动，体会图形变化的神奇。其开设的课程有"立体之美""魅力七巧板""角之世界""灵动的图形""花坛与周长""花坛与面积""角之奇妙""对称奥妙""无规矩不成方圆""精致的包装""圆之美"和"舞动的圆柱、圆锥"。"图形与几何"是小学数学基础课程的重要领域，开设和"图形与几何"相关联的拓展课程，既注重发展学生的空间观念，让学生经历拼搭图形的过程，体会图形之间的联系与变化，又在活动中提高学生的动手操作能力，发展其初步的创新意识，感受图形之美。

## （三）灵动统计

灵动统计主要内容是数据的分类、收集、整理、分析，学生根据一定的标准对事物或数据进行分析，经历简单的数据收集和整理的过程，能用自己已会的表达方式呈现结果，并体会统计的价值。开设的课程有"历历可数""整理小能手""班级小管家""小小调查员""小小天文家""小小裁判员""以一当十""均衡之美""玩的学问""打电话的学问""美美的扇形"和"成长中的我"。"统计与概率"是小学数学基础课程的重要领域，开设与"统计与概率"相关联的拓展性课程，旨在注重发展学生的数据分析观念，让其经历在实际问题中如何收集和处理数据、利用数据分析问题、获取信息的过程，掌握数据收集、整理和分析的方法，并能对数据进行归类，体验数据中蕴含的信息。

## （四）灵动探究

灵动探究主要内容是以生活中的数学问题作为实践探究活动。本模块的开设能帮助学生体验数学知识间的内在联系、数学与现实生活的内在联系,依托自主探究、小组合作等形式,为学生提供参与社会实践活动的平台,感悟数学与生活的联系。灵动探究开设的课程有"制作时钟""走进超市""我是工程师""我是大侦探""数字编码""制作活动日历""一亿知多少""我是营养师""阶梯的奥妙""乐趣无穷的数学""小小秤大学问"和"跷跷板,让数学翘起来"。"综合与实践"是小学数学基础课程的重要领域,开设与"综合与实践"相关联的拓展性课程,意在培养学生综合应用相关的知识与方法来解决实际生活中遇到的数学问题,培养学生的问题意识、应用意识和创新意识,积累学生的活动经验,提高学生解决现实问题的能力。

## 二、学科课程设置

依据课程标准,以国家课程为基础,从"灵动运算""灵动创意""灵动统计""灵动探究"四个模块进行课程构建,从而形成一至六年级"灵动数学"学科拓展课程群,如表2-2所示:

表2-2 广州市黄埔区荔园小学数学学科"灵动数学"拓展课程设置表

| 实施年级 | | 灵动运算<br>(数与代数) | 灵动创意<br>(图形与几何) | 灵动统计<br>(统计与概率) | 灵动探究<br>(综合与实践) |
|---|---|---|---|---|---|
| 一年级 | 上学期 | 易加易减 | 立体之美 | 历历可数 | 制作时钟 |
| | 下学期 | 百数能手 | 魅力七巧板 | 整理小能手 | 走进超市 |
| 二年级 | 上学期 | 乘胜追击 | 角之世界 | 班级小管家 | 我是工程师 |
| | 下学期 | 除除有余 | 灵动的图形 | 小小调查员 | 我是大侦探 |
| 三年级 | 上学期 | 24点游戏 | 花坛与周长 | 小小天文家 | 数字编码 |
| | 下学期 | 竖式之谜 | 花坛与面积 | 小小裁判员 | 制作活动日历 |
| 四年级 | 上学期 | 算理大师 | 角之奇妙 | 以一当十 | 一亿知多少 |
| | 下学期 | 定律巧算 | 对称奥妙 | 均衡之美 | 我是营养师 |
| 五年级 | 上学期 | 分毫不差 | 无规矩不成方圆 | 玩的学问 | 阶梯的奥妙 |
| | 下学期 | 生活中的方程 | 精致的包装 | 打电话的学问 | 乐趣无穷的数学 |
| 六年级 | 上学期 | "叮叮"约分 | 圆之美 | 美美的扇形 | 小小秤大学问 |
| | 下学期 | 小小理财家 | 舞动的圆柱、圆锥 | 成长中的我 | 跷跷板,让数学翘起来 |

## 三、学科课程内容

基于对学生在数与代数、图形与几何、统计与概率、综合与实践等方面的培养，"灵动数学"课程内容设置如表2-3所示：

表2-3 广州市黄埔区荔园小学数学学科"灵动数学"课程内容表

| 课程范畴 | 课程名称 | 内容要点 |
|---|---|---|
| 灵动运算（数与代数） | 易加易减 | 密切结合数与学生生活的联系，形成数感，熟练地口算20以内的加减法。 |
| | 百数能手 | 能口算百以内的加减法。 |
| | 乘胜追击 | 熟练地口算表内乘除法。 |
| | 除除有余 | 在解决问题中培养数感。 |
| | 24点游戏 | 在科学练习中培养数感。 |
| | 竖式之谜 | 在创新中培养数感。 |
| | 算理大师 | 理解算理，渗透口算、估算、简算，培养计算能力。 |
| | 定律巧算 | 学会进行简便计算，培养计算能力。 |
| | 分毫不差 | 掌握小数的计算方法，合理选择各种方法灵活计算。 |
| | 生活中的方程 | 将生活数学转化为方程，培养学生解决生活中的问题的能力，体会数学的价值。 |
| | "叮叮"约分 | 理解分数计算方法，建立学好数学的信心。 |
| | 小小理财家 | 理解储蓄的知识，学会理财，培养学生的生活经验。 |
| 灵动创意（空间与几何） | 立体之美 | 通过实物和模型辨认长方体、正方体、圆柱和球等几何体。 |
| | 魅力七巧板 | 辨认长方形、正方形、三角形、平行四边形等简单图形，并将各种图形拼成一幅图。 |
| | 角之世界 | 结合生活情境认识角，了解直角、锐角和钝角。 |
| | 灵动的图形 | 根据具体事物、照片或直观图辨认从不同角度观察到的简单物体。 |

| 课程范畴 | 课程名称 | 内容要点 |
|---|---|---|
| | 花坛与周长 | 结合实例认识周长,并能测量简单图形的周长,探索并掌握长方形、正方形的周长公式。 |
| | 花坛与面积 | 结合实例认识面积,体会并认识面积单位——平方厘米、平方分米、平方米,能进行简单的单位换算。 |
| | 角之奇妙 | 认识角,会分类,会画角。 |
| | 对称奥妙 | 欣赏对称的美,培养审美意识,体会数学在生活中的价值。 |
| | 无规矩不成方圆 | 将不规则图形转化为规则图形,培养学生转化的思想。 |
| | 精致的包装 | 经历对商品进行包装的过程,培养学生动手操作,自主探索的能力。 |
| | 圆之美 | 感受圆独特的美感,它源于生活,运用于生活,体会圆在生活中的价值。 |
| | 舞动的圆柱、圆锥 | 经历将长方形、三角形转动形成圆柱、圆锥的过程,能运用圆柱、圆锥的知识解决问题。 |
| 灵动统计<br>(统计与概率) | 历历可数 | 结合生活实际,解决与常见的量有关的简单问题。 |
| | 整理小能手 | 结合生活实际,解决与生活常识有关的简单问题。根据给定的标准或者自己选定的标准,对事物或数据进行分类,感受分类与分类标准的关系。 |
| | 班级小管家 | 结合生活实际,解决与班级花费有关的简单问题。 |
| | 小小调查员 | 结合生活实际,调查并解决与视力、肥瘦等身体相关的简单问题。 |
| | 小小天文家 | 经历简单的数据收集和整理过程,了解调查、测量等收集数据的简单方法,并能用自己的方式(文字、图画、表格等)呈现整理数据的结果。 |
| | 小小裁判员 | 通过对数据的简单分析,体会运用数据进行表达与交流的作用,感受数据蕴含的信息。 |
| | 以一当十 | 理解在条形统计图中“以一当几”的方法,体会统计在日常生活中的作用,理解数学与生活的密切联系。 |
| | 均衡之美 | 了解平均数的含义,以及求平均数的方法。 |
| | 玩的学问 | 通过玩掷一掷,综合运用组合、统计、可能性等知识,体会数学在解决问题中的价值。 |

| 课程范畴 | 课程名称 | 内容要点 |
|---|---|---|
| | 打电话的学问 | 探讨打电话的最佳方法,体会数形结合、推理、优化、模型等思想。 |
| | 美美的扇形 | 知道扇形统计图的特点、作用,能获取扇形统计图蕴藏的信息,并会分析及合理运用。 |
| | 成长中的我 | 学生根据个人情况,通过收集、整理、分析数据,选择合适的统计方法,体会统计在生活中的运用。 |
| 灵动探究<br>(综合与实践) | 制作时钟 | 认识钟表,了解 12 时计时法,结合自己的生活经验,体验时间的长短。 |
| | 走进超市 | 通过实践活动,感受数学在日常生活中的作用,体验运用所学的知识和方法解决简单问题,获得初步的数学活动经验。 |
| | 我是工程师 | 在实践活动中,了解要解决的问题和解决问题的办法。 |
| | 我是大侦探 | 经历实践操作的过程,进一步理解所学的内容。 |
| | 数字编码 | 通过实践活动,感受数学在日常生活中的作用,体验能够运用所学的知识和方法解决简单问题,获得初步的数学活动经验。 |
| | 制作活动日历 | 认识年、月、日,了解它们之间的关系。 |
| | 一亿知多少 | 感受 1 亿的大小,体会、领悟出"由局部推算出整体"的研究方法。 |
| | 我是营养师 | 了解人体所需的营养知识及科学的饮食结构,经历收集数据和处理数据、利用数据分析问题、获取信息的过程,掌握统计的基础知识。 |
| | 阶梯的奥妙 | 引导学生体会运用阶梯表示单位间进率的方法,培养学生解决问题的方法。 |
| | 乐趣无穷的数学 | 由游戏引入寻找次品,培养学生解决问题的兴趣和方法。 |
| | 小小秤大学问 | 了解"秤"的制作方法和"秤"的结构。初步感受杠杆原理,经历自制"秤"和探索"秤"的学问,综合运用所学知识,积累基本活动经验。 |
| | 跷跷板,让数学翘起来 | 了解"跷跷板"的制作方法和结构。初步感受杠杆原理。经历设计、自制"跷跷板"和探索玩"跷跷板"的活动,在"做"中使学生进一步加深对所学知识的理解,体会数学的价值和魅力。 |

# 第四节　多途径，实现学生自我发展

《义务教育数学课程标准（2022年版）》明确提出："数学课程应使得人人都能获得良好的数学教育，不同的人在数学上得到不同的发展，逐步形成适应终身发展需要的核心素养。"①"灵动数学"学科课程依据学科课程理念、课程目标、课程设置，结合学校现状，师生特点，从五个方面设计实施与评价，即"灵动课堂""灵动小博士""灵动数学节""灵动研学""灵动社团"，旨在践行"学用交融"的课程理念。

## 一、营造"灵动课堂"，激活思维

课堂教学是培养和发展学生创新精神、创新意识、创新思维和创新能力的主阵地。"灵动课堂"预设多元的学习目标，创设有效的问题情境，结合生活经验，注重动手实践，激活横向思维。引导学生不断发现问题，提出问题，培养其解决问题的能力。

### （一）"灵动课堂"的要义与操作

"灵动课堂"的学习目标是多元的，学习内容是贴近生活的，学习方式是多样灵活的，学习效果是学以致用的。

（1）"灵动课堂"设定多元的课堂目标。只有心中有目标，才能做出充分的教学预设。每提一个问题，学生会有几种答案，教师都要力求想全，并准备好每种情况的应对方法。只有胸有成竹，课堂才可以游刃有余。可见，钻研教材，把握教学目标，做好课前预设是上一节好课的前提。

（2）"灵动课堂"要创设有效问题情境，激发兴趣。为使学生对学习产生浓厚的兴趣，在导课时应精心地创设生活情境，使他们置身于数学生活的氛围中，使学生更好地体会生活离不开数学，生活中处处有数学，培养他们对数学的浓厚兴趣。

（3）"灵动课堂"要关注学生的生活经验。经验是进行数学本质学习的基础。在"数学本质学习"的实践与探索活动中，我们应该注重联系学生实际，创设情境，借助学

---

① 中华人民共和国教育部. 义务教育数学课程标准（2022年版）[S]. 北京：北京师范大学出版社，2022：5—6.

生头脑中已经积累的生活经验,使之成为学生学习数学本质的知识和经验基础,让学生在解决问题中学习数学、理解数学。

(4)"灵动课堂"注重动手实践。在数学教学中,应确立"多动动手"的新理念,根据教学内容组织学生进行适当的操作,让学生自行动手操作、自行探究,这有利于调动学生多种感官参与学习过程。学生兴趣盎然,自主研究活动扎实,思维得以训练,学生的动手、观察、思考、协作能力都得到了培养。

(5)"灵动课堂"激活横向思维,培养学生的综合能力。在教学上,注重引导学生多角度思考,多方法解决问题,想方设法拓宽学生思维的宽度。在学习方式上也鼓励学生或独立思考或与他人合作寻找其他的解决方案,然后交流互评,这样的学法不仅激活学生的横向思维,对培养学生的综合能力也大有裨益。为此我们开展了"百数能手""魅力七巧板""班级小管家""我是大侦探""以一当十"等多种教学活动。

**(二)"灵动课堂"的评价要求**

多元化的评价途径更符合学生的成长特点,有利于学生的主动发展,增强学生的自信心,调动学生的热情,让学生发现自己的进步;还能使教师更深入地理解"灵动课堂"的理念,提升教师的专业素养,丰富教师的课堂经验,完善课堂的构成要素,实现教学相长。评价细则如表2-4所示:

表2-4 广州市黄埔区荔园小学数学学科"灵动课堂"评价细则表

| 授课教师 | | 上课时间 | | 班级 | | 评课教师 | |
|---|---|---|---|---|---|---|---|
| 类别 | 指标 | 优<br>(完全达到) | 良<br>(基本达到) | 合格<br>(部分达到) | | 不合格<br>(少量达到或未达到) | |
| 课堂<br>目标 | 多元 | 1. 教学目标具体、明确,符合新课标理念,教学思想体现时代性。<br>2. 教学目标能结合教材,符合要求,契合学生生活实际,从知识与技能的切入、过程与方法的渗透、态度与价值观的提升三个维度来展现"灵动数学"课堂"全人教育"的理念。<br>3. 教学目标体现多元性,要求恰当;重难点把握准确。 | | | | | |
| 教学<br>环节 | 有效 | 1. 教学环节紧凑,体现学科特点,符合学生认知规律。<br>2. 教学思路清晰,层次清楚,结构合理,重点突出,符合学生的认知规律,有利于学生认知结构的建立。<br>3. 教学内容有意义。从学生现有的知识和经验出发,有利于学生进行观察、实验猜测、验证推理与交流等数学活动;能补充相关情境材料以支持学生的学习;注意本学科和其他领域的适当联系。 | | | | | |

| 教学过程 | 参与 | 1. 教学方法具有启发性,充分发挥学生的主体作用,情境创设恰当,问题设置有效,设计严谨合理,有探究性。<br>2. 采用自主、合作、探究的学习方式,引导学生经历知识的探索过程,激发学生积极参与学习。<br>3. 关注每个学生的个性化发展,激发学生学习兴趣、启发积极思维,鼓励自由表达,使学生参与学习有一定的广度、深度、效度,表现在行为上、思维上、情感上的积极参与。<br>4. 学生有独立思考的时间和空间;合作学习适时、有效。<br>5. 合理利用学习资源;创设生成资源的空间和环境;有效处理生成资源。<br>6. 科学、合理安排练习,练习针对性强、容量适中。 |
|---|---|---|
| 教学效果 | 激活 | 1. 每个学生在课程目标的三个层面都有所发展和提高,使学生产生学习兴趣,并掌握一定的学习方法。<br>2. 学生能积极寻求途径,灵活地解决问题。<br>3. 学生的思维得到发展,探究性学习能力得到提高。<br>4. 教师能完成教学任务,达到预定教学目标。<br>5. 各层次学生均学有所得,教学实效高。 |
| 综合评价 | | |
| 本课精彩之处: | | 存在问题及建议: |

　　每次观课活动时,听课的老师都会认真填写这张表格,把自己宝贵的经验和建议写在上面。授课老师也会认真地研读,从中获得更多的灵感。

## 二、设立"灵动小博士",深挖教材内涵

　　"灵动小博士"是由数学科组长带头引领,骨干教师和学生中的数学爱好者组建的研学社。通过组建"灵动小博士",组织教师学习讨论教学中的热点和冷点教学问题,从而使教师更新教学观念,认识教学新策略。要求教师深入学习《义务教育数学课程标准(2022 年版)》,并组织教师利用新方法组织好课堂教学,在实践中不断提高自身的素质,让教师从经验型向专业型、科研型转变。让学生通过"小博士"组织的一项项活动,在数学素养上得到更大的提高,领略数学的奥妙。

## (一)"灵动小博士"的要义与操作

在"灵动小博士"里,教师是教材的开发者,活动的组织者,学生的引领者。通过学习和实践活动,带动学生探究数学的价值,领略数学的奥妙,更加喜爱学习数学。

(1)教师作为教材的使用者,对教材文本要进行深度的研读和理解。主要体现在:对教材进行二次开发,对教学素材作出选择,深入浅出地引导学生理解和运用数学知识。研发拓展课程内容,设置专题活动,拟定实施计划,商讨评价方案。

(2)学生自主确立数学研究专题。研学社的成员要根据自己的兴趣,确定数学研究的专题,制定研究计划,商讨评价方案。专题研究是对于必修教学内容的延伸和提升,基本上每一个知识点都有延伸的空间。让学生主动选择,可以促使他们积极学习,达到事半功倍的效果。

## (二)"灵动小博士"的评价方式

### 1. 档案袋评价

要求活动小组在进行专题研究时要有活动记录表、实验记录表或调查记录表,以原始数据、学习体会、日记等与活动有关的文字、图片、影像资料作为小组成效评价的主要依据。记录表等如表2-5、表2-6所示:

表2-5　广州市黄埔区荔园小学数学学科"小博士"活动记录表

| 研究主题 | | 活动时间 | |
|---|---|---|---|
| 参与成员 | | 指导教师 | |
| 活动过程 | | | |
| 活动记录 | | | |
| 感受与收获 | | | |

表2-6　广州市黄埔区荔园小学数学学科"小博士"活动评价表

活动专题：_____　小组：_____　时间：_____

| 评价标准 | | 自我评 | 同伴评 | 教师评 |
|---|---|---|---|---|
| 参与合作态度 | 能积极与他人团结协作。 | | | |
| | 能与他人协作。 | | | |
| | 基本能与他人协作。 | | | |
| 发现探索问题 | 善于思考，能发现并解决活动中的问题。 | | | |
| | 能按要求解决活动中的问题。 | | | |
| | 完全依靠别人解决问题。 | | | |
| 收集处理信息态度 | 经常收集有关资料，及时整理、归类、存放。 | | | |
| | 注意收集有关资料，做好整理、归类、存放。 | | | |
| | 参与收集资料，能查找到一些资料。 | | | |
| 完成态度 | 按时完成专题研究，且质量较高。 | | | |
| | 完成专题研究，且有一定质量。 | | | |
| | 完成专题研究。 | | | |

（注：评价可以分为A、B、C三个等级，分别为A代表非常好；B代表较好；C代表一般。）

2. 成果展示评价

包括小论文调查报告，研究笔记，实践成果，如模型设计，方案设计等，每次专题研究完成后举办一次研究性学习成果展示评价活动。成果汇报评价表如表2-7所示：

表2-7　广州市黄埔区荔园小学数学学科小组成果汇报评价表

评价人：_____　时间：_____

| 汇报组别 | | |
|---|---|---|
| 汇报主题 | | |
| 一级指标 | 二级指标 | 得分 |
| 作品的内容（40分） | 观点明确，设计的方案有一定的创造性（20分） | |
| | 条理清晰（10分） | |
| | 内容无科学性错误（10分） | |

| 一级指标 | 二级指标 | 得分 |
|---|---|---|
| 作品的制作水平<br>（20分） | 界面美观、排版合理（10分） | |
| | 能恰当地使用多媒体元素（如图片、音频、视频）（10分） | |
| 汇报者的表现<br>（10分） | 表情自然、口齿清晰（5分） | |
| | 能在规定时间内完成（5分） | |
| 小组协作学习<br>（30分） | 小组成员能和谐相处（10分） | |
| | 回答问题时组员间能发挥合作精神（10分） | |
| | 小组成员在研究过程中给了其他小组帮助（10分） | |

（说明：本定量评价表满分为100分，在加入总分时需进行折算。）

## 三、依托"灵动数学节"，凸显数学文化

"灵动数学节"丰富了校园数学文化，凸显数学元素，激发全校学生学习数学的兴趣，营造浓厚的数学学习氛围，让学生在参与活动中得到锻炼，增强学习数学的信心，感受学习数学的快乐。让数学文化渗透校园，让快乐和智慧走近学生，让每一个学生真正走进数学，感受数学，喜欢数学，在数学学习活动中得到快乐，从而加强学校数学文化建设。

### （一）"灵动数学节"的要义与操作

儿童的心理特点是好奇、好动、好玩。节日在儿童的心中就是开心，好玩。数学节能使学生在轻松、愉快的氛围中理解和掌握数学知识，何乐而不为呢？

数学节不但有其特殊的意义，也承载了许多数学文化。"灵动数学节"以一系列数学活动为基本载体，为全体学生提供了展示自身聪明智慧的平台。感受数学的魅力，享受数学学习的乐趣，让学生们体验"学数学，其乐无穷；用数学，无处不在；爱数学，受益终身"。数学节的内容不是固定不变的，每一届都预先制定方案，拟定活动内容、实施计划、评价方法等，再由学校领导和家长委员会审议通过。主要活动设计如下：

（1）"魅力七巧板"操作大赛。利用七巧板，让学生通过观察、分类和拼图活动，认识七巧板，学会用七巧板拼出一些简单的图形或图案，了解七巧板组合图形的不同拼

法,体会图形的变化。在最短时间拼出指定图案者获胜。

（2）数学故事会。以故事会的形式让学生了解数学,一、二年级每班推荐 2 名学生参加,以讲故事的形式展示,故事内容可以是数学家的故事、有趣数学故事等,最后评选出一、二等奖。

（3）趣味数学画。以"我心中的数学"为题,想象作画。要求能用数字、几何图形等数学元素表现心中的数学,用轴对称图形、平移和旋转等展现数学的美。绘画形式不限,统一使用 8 开美术纸。评选出的优秀作品参加全校展览。

（4）玩转 24 点。三年级以上班级参加。每班通过初赛,选派四名选手参加年级决赛。决赛采用定时答题和抢答,在规定的一分钟内每队合作完成 12 道题,每题一种方法即可,每题 10 分,答对几题就得几分。答对一题加 10 分,但如果答错了或者在规定时间内答不上来倒扣 10 分。

**（二）"灵动数学节"的评价方法**

"灵动数学节"的活动设置要符合学生的年龄特征,从而真正促进学生的发展。活动的设置要难易适度,激发学生的兴趣。具体评价方法如表 2-8 所示:

表 2-8 广州市黄埔区荔园小学数学学科"灵动数学节"的评价标准表

| 评价项目 | 评价标准 | 评价 |
|---|---|---|
| 活动内容 | 难易适度,符合学生的年龄特点。 | |
| | 有趣味性,能提高学生兴趣。 | |
| | 有创新,能激发学生的好奇心。 | |
| 活动形式 | 形式新颖、多样。 | |
| | 根据不同年龄设置。 | |
| | 知识性与趣味性结合。 | |
| | 家校结合,整合资源。 | |

# 四、开启"灵动研学",丰富数学生活

数学源于生活,又高于生活。让学生体会生活中处处有数学,从自己身边的情景中可以发现数学问题,运用数学可以解决实际问题。让学生觉得学习数学是有用的,使他们对学习数学更感兴趣。"灵动研学"是以问题为载体、以学生自主参与为主的学习活动。它是教师通过问题引领、学生全程参与、实践过程相对完整的学习活动。注重让学生积极动脑、动手、动口。注重数学与生活实际、数学与其他学科、数学内部知识的联系和综合应用。

### (一)"灵动研学"的实践操作

在"灵动研学"的实施过程中,教师要善于根据学生的认知特点和原有的认知结构,把课程材料和生活材料组成鲜活有趣的研究材料,再确定研究题目。研究题目的选材不宜太大、过深,应适合小学阶段学生的生理、心理发展水平。在教学中,教师要善于创设问题情境,由学生发现问题,提出问题,使研究题目在学生的思维中自然生成。数学研学的主要过程如下:

(1)准备阶段:认真听取《研究性学习》主题讲座,掌握学习课题选择的技巧、科学研究的基本步骤和相关的研究方法,通过书籍、报刊、网络等渠道收集有关的知识,然后选择自己感兴趣的主题与同学和老师进行讨论,初步确定一个有效的研究课题。

(2)课题确立阶段:小组交流、全班讨论,提出选题并敲定研究课题。学生根据自己的专长和兴趣确定自己的选题,并根据选题形成小组,各小组民主选出小组长。组员分工明确,各小组根据分工制定研究计划,分配研究时间,细分研究内容,制订出小组研究方案,预定成果。

(3)课题实施阶段:多种渠道收集研究课题的相关资料,根据研究课题进行有关的实践活动,整理收集到的资料和数据,撰写研究报告。

(4)课题总结阶段:各小组分组汇报自己的研究成果,可以把成果制作成幻灯片、手抄报、调查报告等。每个组员要对自己的表现作出评价,也要对他人作出评价,教师要对每个小组的汇报作出评价和指导。根据大家的评价,每个小组要对本次研学活动进行总结和反思,提出改进方法。

### (二)"灵动研学"的评价标准

"灵动研学"有别于学习具体知识的探索活动,更有别于课堂上教师的直接讲授,它更注重对学习过程的评价,具体评价标准如表 2-9 所示:

表 2-9　广州市黄埔区荔园小学数学学科"灵动数学研学"的评价标准表

| 评价项目 | 评价标准 | 评价 |
|---|---|---|
| 过程评价 | 制定可行的活动方案。 | |
| | 研究的问题合理。 | |
| | 研究过程中,能提出建设性的建议。 | |
| | 活动组织井然有序,学习氛围浓厚。 | |
| | 活动照片与活动记录完整。 | |
| 成果展示 | 研究的结果令人满意。 | |
| | 形式多样,内容全面。 | |
| | 生成有借鉴价值的经验与反思。 | |

## 五、设立"灵动社团",遨游数学王国

为了给学生搭建一个展示自身价值的窗口,学校还设立了"灵动社团",以激励学生对数学知识的探索追求,培养学生的逻辑思维能力、运算能力,空间观念和解决简单的实际问题的能力,在活动中使学生逐步学会正确、合理地进行运算,逐步学会观察分析、综合、抽象、概括。激发学生对数学的兴趣,增加了对数学的喜爱之情,我们的数学社团在不知不觉中将学生引入千变万化的数学世界。

### (一)"灵动社团"的要义与操作

"灵动数学"之"灵动社团"的活动宗旨是增强学生运用所学知识解决问题的能力。因此要充分尊重学生自我发展的需要。开学初,"品质课程组"和数学科组老师结合我校课程文化理念确定本学期的社团课程,开设了"灵动运算社团""灵动创意社团""灵动统计社团""灵动探究社团",与选修课一起发布课程安排。随后学生通过网络选课报名,以尊重学生为前提,经过各方面协调,确定社团的任课教师及学生名单。

1. 灵动运算社团

灵动运算社团内容为数的运算及与运算相关联的趣味游戏等。灵动运算社团开设的课程有"易加易减""百数能手""乘胜追击""除除有余""24 点游戏""竖式之谜"

"算理大师""定律巧算""分毫不差""生活中的方程""'叮叮'约分"和"小小理财家"。通过开展有趣的计算、巧算活动,丰富学生的解题策略,提高学生的计算兴趣和计算能力,发展其思维灵活性。

2. 灵动创意社团

灵动创意社团内容为拼搭图形、创造图形,以及设计创造空间模型。灵动创意社团开设的课程有"立体之美""魅力七巧板""角之世界""灵动的图形""花坛与周长""花坛与面积""角之奇妙""对称奥妙""无规矩不成方圆""精致的包装""圆之美"和"舞动的圆柱、圆锥"。根据学生已有的生活经验和不同的认知规律,调动学生的多种感官进行探究活动,经历剪、拼、画等动手操作活动,体会图形变化的神奇。

3. 灵动统计社团

灵动统计社团内容为数据的分类、收集、整理、分析。灵动统计社团开设的课程有"历历可数""整理小能手""班级小管家""小小调查员""小小天文家""小小裁判员""以一当十""均衡之美""玩的学问""打电话的学问""美美的扇形"和"成长中的我"。通过让学生经历简单的数据收集和整理的过程,学会用自己已会的表达方式呈现结果,并体会统计的价值。

4. 灵动探究社团

灵动探究社团内容为解决生活中的数学问题。灵动探究社团开设的课程有"制作时钟""走进超市""我是工程师""我是大侦探""数字编码""制作活动日历""一亿知多少""我是营养师""阶梯的奥妙""乐趣无穷的数学""小小秤大学问"和"跷跷板,让数学翘起来"。以自主探究、小组合作等形式,让学生解决生活中的数学问题,体验数学知识间的内在联系,体验数学与现实生活的内在联系,为学生提供参与社会实践活动的平台,感悟数学与生活的联系。

**(二)"灵动社团"评价方法**

"灵动社团"活动,使学生在学习数学知识的过程中,掌握解题的方法,提高抽象的逻辑思维能力,培养求异思维的意识。社团的评价方式,有记录活动过程中学生各方面表现的量化评价表,还有学生对社团的问卷调查,如表2-10所示。了解学生对社团活动的期望,将便于教师把握社团后期发展方向。

表 2-10　广州市黄埔区荔园小学数学学科"灵动社团"的评价标准表

| 评价项目 | 评价标准 | 评价 |
|---|---|---|
| 过程评价 | 制定周密的管理制度及详细的活动计划。 | |
| | 制定的活动主题、内容、形式有创新。 | |
| | 活动组织井然有序,学习氛围浓厚。 | |
| | 社团名册及活动过程记录翔实。 | |
| | 活动照片及学生作品保存完整。 | |
| | 教师的指导张弛有度,有针对性。 | |
| | 每次活动结束后都有相应的总结、反馈、评价。 | |
| 成果展示 | 展示形式丰富新颖。 | |
| | 内容符合社团特点,全面、完整。 | |
| | 活动小组分工合作有序。 | |
| | 生成有借鉴价值的经验与反思。 | |

综上所述,"灵动数学"课程秉承"学用融合"理念,通过"灵动课堂""灵动小博士""灵动数学节""灵动研学""灵动社团"一系列课程践行这一学科理念。该课程特有的"发散性"和"灵活性",不仅较好地达成了数学课程目标,更丰富了课程内容的开发与实施。

（撰稿者:陈琼珊　刘文涛　古晓兰　秦肖文　施梅红）

# 第三章
# 内在扎根性与童趣英语

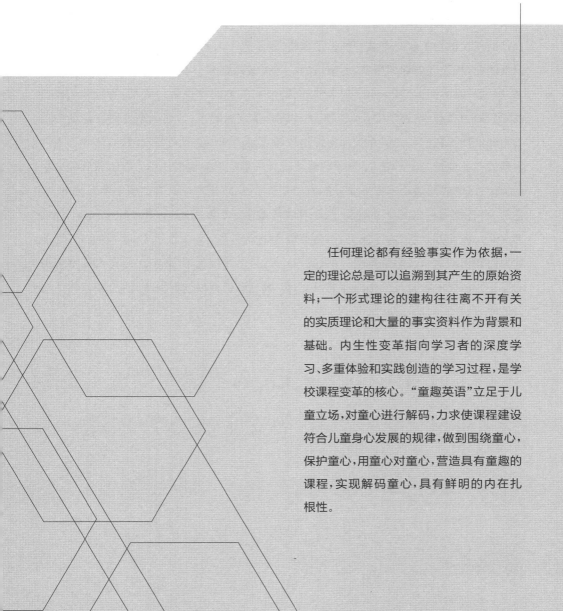

任何理论都有经验事实作为依据，一定的理论总是可以追溯到其产生的原始资料；一个形式理论的建构往往离不开有关的实质理论和大量的事实资料作为背景和基础。内生性变革指向学习者的深度学习、多重体验和实践创造的学习过程，是学校课程变革的核心。"童趣英语"立足于儿童立场，对童心进行解码，力求使课程建设符合儿童身心发展的规律，做到围绕童心，保护童心，用童心对童心，营造具有童趣的课程，实现解码童心，具有鲜明的内在扎根性。

广州市黄埔区荔园小学英语科组是一个团结协作、积极进取、高素质、充满活力和硕果累累的教研团体。科组人员爱岗敬业,专业知识扎实,教学水平高,乐于奉献,在自己的三尺讲台上演绎着独特的教学风格,展示着个人的才华和价值。英语科组教研风气浓厚,积极开展课题研究,所申报的一项市级课题和一项区级课题均已结题;经常通过开展"绘本阅读""Phonics 教学""同课异构"等专题课例研讨活动,为教师们提供在一起研究教材、研究学生及切磋探讨各式教学方法的平台,充分激发每一位老师的活力和潜能。我们还让资深教师与青年教师之间进行师徒青蓝结对活动,加速了青年教师的专业成长,充分发挥了资深和骨干教师的示范引领辐射作用。科组教师们积极参加市、区的教研活动来提高业务能力和专业素养,逐渐形成具有荔园小学系统的、特色的、有着教师主张和学科视野的英语学科教学。Education is the movement from darkness to light. 我们将不懈努力,将英语这把金钥匙交到学生手中,让他们打开金碧辉煌的知识殿堂。我们依据教育部《关于全面深化课程改革 落实立德树人根本任务的意见》及《义务教育英语课程标准(2022 年版)》推进英语学科课程建设,并取得了可喜的成效。

# 第一节　放飞童心，焕发英语的生命活力

## 一、学科性质观

社会生活的信息化和经济的全球化，使英语的重要性日益突出。英语作为最重要的信息载体之一，已成为人类生活各个领域中使用最广泛的语言之一，英语能力已成为一种必备技能。

《义务教育英语课程标准（2022 年版）》对英语学科性质做了如下界定：义务教育英语课程体现工具性和人文性的统一，具有基础性、实践性和综合性特征。学习和运用英语有助于学生了解不同文化，比较文化异同，汲取文化精华，逐步形成跨文化沟通与交流的意识和能力，学会客观、理性看待世界，树立国际视野，涵养家国情怀，坚定文化自信，形成正确的世界观、人生观和价值观，为学生终身学习、适应未来社会发展奠定基础。① 我们认为，应当树立以学生为本的指导思想，提倡学生参与、体验、亲身实践、独立思考、合作探究。把英语课程定位在一个开放的体系上，让其贴近实际、贴近生活、贴近时代，在课堂教学中激发学生学习兴趣，才能实现培养学生实际运用语言的能力的目标。

## 二、学科课程理念

基于英语学科性质观和儿童英语学习的特点，我校提出"童趣英语"之课程理念。我们期望孩子们能成为学习英语的小主人，爱上英语这门学科。

### （一）"童趣英语"是快乐的英语

美国心理学教授芭芭拉·弗雷德里克森（Barbara Fredrickson），是积极心理学领域的代表人物之一，她提出的扩展建构理论探讨了个体的情绪变化，特别是积极情绪

---

① 中华人民共和国教育部. 义务教育英语课程标准（2022 年版）[S].北京：北京师范大学出版社，2022：1.

和消极情绪对个体的各项功能的影响,她通过扩展建构理论将积极情绪的十个重要概念(如喜悦、感激、宁静、兴趣、希望、自豪、逗趣、激励、敬佩和爱)成功融合在一起,并通过科学实验来验证积极情绪的来源、表现方式,以及积极情绪对个体的认知与能力、注意力集中情况、健康状况、创造力和主观幸福感的影响效果,提出生活中积极情绪与消极情绪的最佳比例,开启心智达到欣欣向荣的状态,进而改变命运等。因此,扩展建构理论被认为是积极心理学中具有重要影响的成就之一。她的研究表明,积极快乐的情绪对个体和社会有诸多益处:有利于促进社会资源的合理分配、增强人际信任感、改善人际关系和增加亲社会行为等。快乐的情绪还有助于提高认知灵活性,并促进认知视角选择的广度;可以扩展我们的思维和视野,帮助我们搜寻最佳学习策略,获得更好的成绩。① 在"童趣英语"学习过程中,我们通过各种活动,让学生始终处于一种积极快乐的情绪体验中,提高学习兴趣和学习效率。

**(二)"童趣英语"是体验的英语**

在英语学习过程中,我们通过实践来认识周围事物,使学习者完完全全地参与学习过程,使学习者真正成为课堂的主角。教师的作用不再是一味地、单方面地传授知识,更重要的是利用那些可视、可听、可感的教学媒体努力为学生做好体验开始前的准备工作,让学生产生一种渴望学习的冲动,自愿地、全身心地投入学习过程,并积极接触语言、运用语言,在亲身体验过程中掌握语言。生活中任何有刺激性的体验,如用英语购物、向外国友人介绍自己的学校等的体验都是终生难忘的。同理,体验式学习也会给语言学习者带来新的感觉、新的刺激,从而加深学习者的记忆和理解。

**(三)"童趣英语"是自信的英语**

学生通过成功完成"童趣英语"中设置的任务,得到一种自我满足、愉快的情绪体验。在"童趣英语"学习中,成功体验可增强个体的自信心,有助于个体的身心健康,并为新学习活动的进行打下良好基础。

**(四)"童趣英语"是儿童的英语**

让孩子们爱上英语这门课程。小学生年龄小,注意力不稳定,但有强烈的好奇心和探索欲望。英语教师应该精心设计教学活动,通过游戏、音乐、猜谜、歌曲等各个活动环节使学习情趣化,寓教于趣。从而给学生以愉快的情绪体验,充分调动学生的学

---

① 韩晨.扩展建构理论在学习领域的作用[J].质量与市场,2020(3):72—74.

习兴趣，让他们喜欢上英语课。我们认为，只有进行以爱为基础的教育，培养情感，才会使儿童在充满爱的氛围中形成自尊和自信，学会爱自己、爱他人、爱社会。为此，英语科组以爱传爱，用爱构建和谐的师生关系，让孩子在轻松、愉悦的状态下学习英语。

# 第二节　回归童真，激活英语的生活体验

　　课程目标是课程设置的方向，是课程实施的灵魂。有了目标的制定与存在，可以使我们的课程实施一体化、系统化、有序化。在英语课程中，我们应当注重发展学生的语言能力、文化意识、思维品质和学习能力，从而提高学生的综合人文素养。基于这些发展需求，"童趣英语"紧密结合学科课程理念制定英语课程总目标，让英语学习充满乐趣。

## 一、核心素养内涵

　　《义务教育英语课程标准（2022 年版）》中指出，核心素养是课程育人价值的集中体现，是学生通过课程学习逐步形成的适应个人终身发展和社会发展需要的正确价值观、必备品格和关键能力。英语课程要培养的学生核心素养包括语言能力、文化意识、思维品质和学习能力等方面。语言能力是核心素养的基础要素，文化意识体现核心素养的价值取向，思维品质反映核心素养的心智特征，学习能力是核心素养发展的关键要素。核心素养的四个方面相互渗透，融合互动，协同发展。[①]

　　**（一）语言能力**

　　语言能力指运用语言和非语言知识以及各种策略，参与特定情境下相关主题的语言活动时表现出来的语言理解和表达能力。英语语言能力的提高有助于学生提升文化意识、思维品质和学习能力，发展跨文化沟通与交流的能力。[②]

　　小学阶段学生应达到：能够运用最常用的日常用语进行口头表达，并且做到发音清楚，语调基本达意；能根据拼读的规律，读出简单的单词；能借助图片读懂简单的故事或小短文，并养成按意群阅读的习惯；能在教师的指导下用英语做游戏并在游戏中进行简单的交际，并且在教师的帮助和图片的提示下描述或讲述简单的小故事；能够

---

①　中华人民共和国教育部. 义务教育英语课程标准（2022 年版）[S]. 北京：北京师范大学出版社，2022：4.

②　中华人民共和国教育部. 义务教育英语课程标准（2022 年版）[S]. 北京：北京师范大学出版社，2022：4.

看图识词，能模仿范例写句子，并且在书写过程中，正确地使用大小写字母和常用的标点符号；能写出简单的问候语和祝福语，并且能根据图片、词语或例句的提示，写出简短的语句；能看懂语言简单的英语动画片或程度相当的英语教学节目，课堂视听时间每学年不少于 10 小时（平均每周 20 到 25 分钟）。

## （二）文化意识

文化意识指对中外文化的理解和对优秀文化的鉴赏，是学生在新时代表现出的跨文化认知、态度和行为选择。文化意识的培育有助于学生增强家国情怀和人类命运共同体意识，涵养品格，提升文明素养和社会责任感。[①]

小学阶段学生应达到：知道英语中最简单的称谓语，问候语和告别语。对一般的赞扬、请求、道歉等作出适当的反应。能在教师引导下，了解不同文化背景下人们待人接物的礼仪；能够注意到跨文化沟通与交流中彼此的文化差异。有将语言学习与做人做事相结合的意识和行动，体现爱国主义情怀和文化自信。

## （三）思维品质

思维品质指人的思维个性特征，反映学生在理解、分析、比较、推断、批判、评价、创造等方面的层次和水平。思维品质的提升有助于学生学会发现问题、分析问题和解决问题，对事物作出正确的价值判断。[②]

小学阶段学生应达到：能够通过对图片、具体现象和事物的观察获取信息；能从不同的角度观察周围的人与事，并作出正确的价值判断；能从不同角度辩证地看待事物，学会换位思考和独立思考。

## （四）学习能力

学习能力指积极运用和主动调适英语学习策略、拓展英语学习渠道、努力提升英语学习效率的意识和能力。学习能力的发展有助于学生掌握科学的学习方法，养成良好的终身学习习惯。[③]

小学阶段学生应达到：积极与他人合作，共同完成学习任务。遇到问题主动向老

---

① 中华人民共和国教育部. 义务教育英语课程标准（2022 年版）[S]. 北京：北京师范大学出版社，2022：5.

② 中华人民共和国教育部. 义务教育英语课程标准（2022 年版）[S]. 北京：北京师范大学出版社，2022：5.

③ 中华人民共和国教育部. 义务教育英语课程标准（2022 年版）[S]. 北京：北京师范大学出版社，2022：5.

师或者同学请教。会制订简单的英语学习计划,并且对所学内容能主动复习和归纳。在词语与相应事物之间建立联想。在学习中集中注意力,并且在课堂交流中,注意倾听,积极思考。尝试阅读英语故事及其他英语课外读物。积极运用所学英语进行表达和交流,注意观察生活和媒体中使用的简单英语,最终能初步借助简单的工具书学习英语。

## 二、学科课程年段目标

基于以上目标,依托"童趣英语"学科课程理念,确立我校系统而持续渐进的英语课程体系目标,来逐步实现对学生语言综合运用能力培养的总目标。我校一至六年级有具体分类课程目标,这里以二年级为例,如表3-1所示:

表3-1 广州市黄埔区荔园小学英语学科二年级课程目标表

| 单元 | 二年级上学期 | 二年级下学期 |
|---|---|---|
| Unit1 | 共同要求<br>1. 能听、说、认读和抄写词汇:dance, draw, ride a bike, play the piano, skate, fly a kite, teach, skip rope.<br>2. 能听、说并掌握询问一个人能进行什么活动的句型及其回答:<br>I can/ can't ...<br>Yongxian can/can't.<br>Can you ...?<br>Yes, I can./No, I can't.<br>3. 能理解本单元的歌曲、小诗和故事,并且能表演。<br>4. 能用所学的句型做调查。<br>5. 能用连贯的句子向同学介绍自己喜欢的活动。 | 共同要求<br>1. 三会掌握词汇:motorbike, taxi, bus, underground, white, live, on foot.<br>2. 二会掌握句型:<br>I live in ...<br>I go to school .../On foot.<br>3. 二会掌握本单元故事中的单词:moon.<br>4. 能听懂并说出表示交通工具的单词。<br>5. 能用 I live in ...来表达自己住在哪里。<br>6. 能用 I go to school by ...表示自己上学的交通方式。<br>7. 能唱歌曲,能跟读小诗。<br>8. 能理解、跟读和表演本单元对话和故事。<br>9. 能用 Can I go by ...? Yes, you can/No, you can't 问答能否以某方式去某地。 |

| 单元 | 二年级上学期 | 二年级下学期 |
|---|---|---|
| | 6. 通过读小诗、唱儿歌、讲故事、做游戏等活动,培养学生的英语学习兴趣,让学生喜爱上英语课。<br>7. 培养学生良好的英语思维方式,培养学生热爱学习和终身学习英语的意识。<br>8. 让学生在所学单词和活动之间建立起联想。<br>9. 通过课堂活动帮助学生养成良好的英语学习习惯——乐于模仿,敢于开口,积极参与,主动合作。<br>校本要求<br>1. 能认读本单元的 sight words: ride, fly, that, got, there, stop.<br>2. 能认读字母 Aa—Dd 的大小写,并能正确书写。 | 10. 在适当的情景中理解和运用 On your own? With my ...<br>11. 能对自己进行连贯的介绍:My name is ... I am a boy/girl. I am ... I live in ... I go to school by ... I have a ...（介绍 daily routine, family, toys, pets 等）。<br>12. 能认读本单元主要句子。<br>13. 能在词语与相应事物之间建立起联想。<br>14. 在学习中集中注意力,懂得聆听老师的讲课和同学的发言。<br>15. 能借助插图提高认读能力。<br>16. 积极与同桌或小组成员合作,共同完成各项学习任务。<br>17. 逐渐领悟利用发音规则认读新单词。<br>18. 利用读小诗、唱儿歌、讲故事、做游戏等活动培养学生的英语学习兴趣,使之积极地投入英语学习。<br>19. 培养学生主动参与课堂活动的兴趣以及良好的学习习惯。<br>校本要求<br>1. 能认读本单元的 sight words: live, by, show, around, must, own, with.<br>2. 学会字母 Aa—Dd 在单词中的发音。 |
| Unit2 | 共同要求<br>1. 能听、说和认读词汇:<br>rice, meat, fish, bread, sausage, eggs, carrot, breakfast, lunch, dinner, hungry.<br>2. 能听、说、认读以下句型:<br>I like/don't like ...<br>Do you like ...? 及其回答:<br>Yes, I do. /No, I don't.<br>What's for breakfast/ lunch/ dinner? | 共同要求<br>1. 三会掌握词汇:policeman, doctor, nurse, engineer, manager, teacher, driver, cartoonist, fireman.<br>2. 二会掌握句型:<br>(1) What does he/she do?<br>(2) He's/ She's a doctor.<br>(3) I want to be a teacher.<br>(4) I want to be a ... when I grow up.<br>3. 能听懂和说出本单元表示职业的单词,能用 What does he/she do? He's/She's a ...问答他人的职业。 |

| 单元 | 二年级上学期 | 二年级下学期 |
|---|---|---|
| | 3. 能听、说、认读重点句型。<br>4. 能说唱歌曲和小诗,能理解和在老师帮助下表演故事。<br>校本要求<br>1. 能认读本单元的 sight words: right, full, will, said.<br>2. 能认读字母 Ee—Hh 的大小写,并能正确书写。 | 4. 能用 I want to be a ... 表达自己的职业理想。<br>5. 能演唱歌曲,能诵读小诗。<br>6. 能理解、跟读和表演本单元对话和故事。<br>7. 能用 I want to be a ... when I grow up. 表达职业理想。<br>8. 能连贯地介绍他人:This is ... He/she is a ... He/ She works in ... He/She lives in ... He/She goes to work by ... He/She can ...<br>9. 能在适当的情景中理解和运用:It's me. The house is on fire. Call 119. You're great.<br>10. 能在所学单词和实际职业之间建立起联想。<br>11. 在学习中集中注意力,细心聆听老师的讲课和同学的发言。<br>12. 积极参与课堂活动,在活动中主动学习和运用。<br>13. 能与小组成员进行合理的分工合作,共同完成各种小组合作的学习任务。<br>14. 利用读小诗、唱儿歌、讲故事、做游戏等活动,培养学生的英语学习兴趣,使之积极地投入英语学习。<br>15. 培养学生主动参与课堂活动的兴趣以及良好的学习习惯。<br>16. 在课内外的英语活动中,乐于与同学分享快乐。<br>校本要求<br>1. 认读本单元的 sight words: goes, work, does, grow.<br>2. 学会字母 Ee—Hh 在单词中的发音。 |
| Unit3 | 共同要求<br>1. 能听、说、认读衣服类词汇:T-shirt, skirt, dress, shirt, sweater, jacket, jeans, shorts, socks, shoes. 其他:boy, girl. | 共同要求<br>1. 三会掌握词汇:bookstore, swimming pool, playground, zoo, park, supermarket, buy.<br>2. 二会掌握句型:<br>1) My favourite place is ... |

| 单元 | 二年级上学期 | 二年级下学期 |
|------|------------|------------|
| | 2. 能听、说描述衣着的句型：<br>He's wearing . . .<br>She's wearing . . .<br>3. 能说出和听懂本单元所学衣物的名称。<br>4. 能理解本单元的歌曲、小诗和故事,并且能表演。<br>5. 能用所学的句型做游戏。<br>6. 能用连贯的句子描述衣着,能听懂简单的描述。<br>7. 能表达对衣物的喜好。<br>8. 能在老师的指导下学会观察和归纳。<br>9. 能积极参与课堂活动,在活动中主动练习和实践。<br>10. 积极与同桌或小组成员合作,共同完成各项学习任务。<br>11. 能在老师提供的各种情景下,根据所给的图片和关键词句,连贯地说话,提高口语表达能力。<br>12. 通过读小诗、唱儿歌、讲故事、做游戏等活动,培养学生的英语学习兴趣,让学生喜爱上英语课。<br>13. 在课堂活动中帮助学生养成良好的英语学习习惯——乐于模仿,敢于开口,积极参与,主动合作。<br>校本要求<br>1. 能认读本单元的 sight words: she, round, they.<br>2. 能认读字母 Ii—Ll 的大小写,并能正确书写。 | 2) Where are you going?<br>3) I'm going to . . .<br>4) Will you take me to . . .?<br>5) I want to . . .<br>3. 能听懂和说出本单元表示活动场所的单词。<br>4. 能用 my favourite place is . . . 说出自己喜欢去的地方。<br>5. 能用 will you take me to . . .?向熟悉的人提出去某地方的请求。<br>6. 能用 I want to . . . 表示自己想做某事。<br>7. 能演唱歌曲,能诵读小诗。<br>8. 能理解、跟说和表演本单元对话和故事。<br>9. 能在适当的情景中理解和运用：Here we are. No problem. I said no! Not today! It's raining cats and dogs.<br>10. 能连贯地描述自己喜欢的地方：I live in . . . My favourite place is . . . I can . . . there. But I can't . . . there. Now I am going to the . . . I want to . . .<br>11. 在所学单词和图片之间建立联想。<br>12. 通过描述图片,能向同学介绍自己在最喜欢的地方做的事情。<br>13. 通过对话进行语言交际,学会描述地点,提高语言表达能力。<br>14. 积极参与课堂活动,与同桌或小组成员合作,共同完成各项学习任务。<br>15. 通过学习继续增强学习英语的兴趣,树立正确的学习目的,养成良好的学习习惯,学会合理安排自己的课外生活,有礼貌地向别人提出游玩的请求。<br>校本要求<br>1. 认读本单元的 sight words: done, been, if, buy, said.<br>2. 学会字母 Ii—Ll 在单词中的发音。 |

| 单元 | 二年级上学期 | 二年级下学期 |
|---|---|---|
| Unit4 | 共同要求<br>1. 能听、说、认读以下词汇：get up, have, go to school, go home, go to bed, wake up, hurry up, late, eleven, twelve, thirty.<br>2. 能听、说、认读以下句型：What time is it? It's 7:00. I get up at 6:30. It's time for dinner.<br>3. 能用连贯的句子描述自己的日常作息。<br>4. 能理解本单元的歌曲、小诗和故事，并能表演。<br>5. 能用所学句型做游戏，能听懂指令和要求，并做出适当动作。<br>6. 能积极与同桌或小组成员合作，共同完成学习任务。<br>7. 能在学习中集中注意力。<br>8. 对所学习的内容能主动练习，积极参与和实践。<br>9. 懂得联系学习和生活实际，积极运用所学英语进行表达和交流。<br>10. 通过读小诗、唱儿歌、讲故事、做游戏等活动，激发学生兴趣，培养乐于模仿、敢于开口的学习习惯。<br>11. 通过让学生改编歌词，培养学生的创造性思维能力，增强学生学习的自信心和积极性。<br>12. 通过学习时间与描述日常作息，培养学生珍惜时间、合理安排作息时间的良好习惯。<br>校本要求<br>1. 能认读本单元的 sight words: after, take, ten, only. | 共同要求<br>1. 三会掌握词汇：Sunday, Monday, Tuesday, Wednesday, Thursday, Friday, Saturday, today, tomorrow, comic, sweep the floor.<br>2. 二会掌握句型：<br>1) My favourite day is Monday.<br>2) What day is it today?<br>3) It's Monday today.<br>4) It's your turn to sweep the floor.<br>3. 三会掌握词组：make the bed, feed the duck.<br>4. 能听懂和说出本单元的单词。<br>5. 能用 What day is it today? It's … 问答当天是星期几。能用 My favourite day is … 表达一周中自己最喜欢的一天。<br>6. 能用 I … on Monday 说出自己在不同日子所做的文体或家务活动。<br>7. 能用 It's your turn to … 提醒别人轮到他做某事。<br>8. 能跟唱本单元歌曲。<br>9. 能诵读本单元小诗。<br>10. 能听懂和看图分段表演本单元对话和故事。<br>11. 能认读本单元对话和故事。<br>12. 能认读本单元生词。<br>13. 能在适当的情景中理解和运用：Please wait. I am tired. It's too late. It's my favourite day. It's my turn to …<br>14. 能认读本单元主要句子。<br>15. 能表演本单元对话的故事。<br>16. 在所学单词和图片之间建立起联想。<br>17. 通过描述图片，向同学介绍自己最喜欢的一天，以及在那一天自己做的事情，提高语言表达能力。 |

| 单元 | 二年级上学期 | 二年级下学期 |
|---|---|---|
| | 2. 能认读字母 Mm—Pp 的大小写,并能正确书写。 | 18. 通过对话进行语言交际,学会询问日期并能准确回答。<br>19. 积极参与课堂活动,与同桌或小组成员合作,共同完成各项学习任务。<br>20. 继续增强学生学习英语的兴趣,树立正确的学习目的,养成良好的学习习惯,开展丰富的课外文娱活动,学会合理安排自己的学习生活和文娱活动,努力做到身心的和谐发展。<br>校本要求<br>1. 能认读本单元的 sight words: day, draw, every.<br>2. 学会字母 Mm—Pp 在单词中的发音。 |
| Unit5 | 共同要求<br>1. 掌握以下词汇:<br>fly-flying, skate-skating, skip-skipping, ride-riding, drink-drinking, swim-swimming, sing-singing, chase-chasing, coke, sun.<br>2. 三会掌握句型:<br>What are you doing?<br>I'm riding a bike.<br>Are you swimming/...?<br>Yes, I am./No, I'm not.<br>3. 能简单谈论正在进行的活动。<br>4. 能理解本单元的歌曲、小诗,并且能表演;能看懂听懂本单元故事。<br>5. 在所学单词和真实情境之间建立起联想。<br>6. 积极参与课堂活动,在活动中主动练习和实践。<br>7. 积极与同桌或小组成员合作,共同完成各项学习任务。 | 共同要求<br>1. 三会掌握词汇:sunny, windy, rain, snow, cold, hot, put on, go skating, boots, scarf, umbrella, sunglasses, watermelon.<br>2. 二会掌握句型:It's sunny today./It's raining.描述天气。<br>3. 能用 Put on your ...,根据天气给出穿戴的指令。<br>4. 能演唱本单元歌曲。<br>5. 能诵读本单元小诗。<br>6. 能听懂和看图分段表演本单元对话和故事。<br>7. 能在适当的情境中理解和运用:Let's go skating. Thanks. It's raining cats and dogs.<br>8. 能理解和回答:What's the weather like today?<br>9. 能连贯描述天气、自己或他人的穿着、正在进行的活动,如:Today is Monday. It's sunny. I am/He's/She's wearing a ... I am/He's/She's ... (doing) ... |

| 单元 | 二年级上学期 | 二年级下学期 |
|---|---|---|
| | 校本要求<br>1. 能认读本单元的 sight words: drink, out.<br>2. 能认读字母 Qq—Tt 的大小写, 并能正确书写。 | 10. 能认读本单元主要句子。<br>11. 能表演本单元对话和故事。<br>12. 养成仔细观察、乐于思考、充分想象的学习习惯。<br>13. 积极主动地参与课堂活动,在活动中巩固学习内容。<br>14. 通过读小诗、唱儿歌、讲故事、做游戏等活动,培养学生的英语学习兴趣,让学生喜爱上英语课。<br>15. 通过小组合作学习,学会交往,懂得如何关心他人。<br>校本要求<br>1. 能认读本单元的 sight words: very, away.<br>2. 学会字母 Qq—Tt 在单词中的发音。 |
| Unit6 | 共同要求<br>1. 三会掌握单词:mop/mopping the floor, wash/washing up, read/reading, do/doing a puzzle, set/setting the table room, newspaper, computer.<br>2. 三会掌握询问某人正在做什么的句型及其回答:What's he/she doing? He's/She's doing . . .<br>3. 能就正在进行的活动交换简单的信息。<br>4. 能在图片提示下认读本单元的生词和关键句子 What's he/she doing? He's/She's . . .等。<br>5. 在所学单词和实际的行为动作之间建立起联想。<br>6. 积极参与课堂活动,在课堂大胆用英语表达自己的思想。<br>7. 积极与他人合作交流,共同完成课堂的学习任务。 | 共同要求<br>1. 能听、说、认读单词:spring, summer, autumn, winter, coat, sandals, trainers, cool, warm.<br>2. 能听、说、认读短语:go fishing, go swimming, go hiking, make a snowman.<br>3. 能听、说以下句子:<br>It's hot in summer.<br>We wear sandals in summer.<br>The sun is shining warm.<br>4. 能听懂和说出本单元的单词。<br>5. 能用 It's hot in summer. 等用语描述四季的基本气候特征。<br>6. 能用 We wear . . . in summer.说出四季的着装。<br>7. 能用 I like . . . I can . . . in . . .说出自己喜欢或不喜欢的季节及原因。<br>8. 能跟唱本单元小诗。<br>9. 能表演本单元对话。<br>10. 能听懂和跟说本单元故事。 |

| 单元 | 二年级上学期 | 二年级下学期 |
|------|-------------|-------------|
|  | 8. 通过读小诗、做游戏等活动,激发学生学习英语的兴趣,培养学生乐于模仿、敢于开口的学习习惯。<br>9. 通过小组合作学习,提高学生的合作精神和竞争意识。<br>**校本要求**<br>1. 磨出英文耳朵。<br>2. 能认读本单元的 sight words: read, sleep, his, pick, never, myself.<br>3. 能认读字母 Vv—Zz 的大小写,并能正确书写。 | 11. 能用 Which season do you like? I like . . . 问答喜欢的季节。<br>12. 能从气候、活动、食物、着装等方面对季节进行连贯描述,如: I (don't) like spring. It's warm and wet in spring. I can . . . I can't . . .<br>13. 能认读本单元主要句子。<br>14. 能表演本单元故事。<br>15. 借助联想学习和记忆词语。<br>16. 积极运用所学英语进行表达和交流。<br>17. 积极参与课堂学习活动,在活动中主动练习和实践。<br>18. 积极与他人合作,共同完成学习任务。<br>19. 有学习英语的愿望和兴趣。乐于用英语表达自己的想法。<br>20. 在课堂中乐于模仿,敢于开口,积极参与。<br>**校本要求**<br>1. 能认读本单元的 sight words: make, which, has.<br>2. 学会字母 Vv—Zz 在单词中的发音。 |

总之,学校秉承"童趣英语"的学科理念,具体实现各年级细化目标,在获得必要的语言知识和语言技能的基础上,全面提高学生听、说、读、写、用的能力,让每个学生都能得到更好的发展。

## 第三节　突显童趣，培养英语的灵动思维

　　为了实现上述学科课程目标及校本要求，我校在开设"童趣英语"课程时，一方面从学生的年龄特点出发，一方面基于教材内容，教师积极拓展教学资源，为学生提供充足的、符合学生知识水平的语言素材，真正满足学生语言学习的需要，阶梯式地系统开设"童趣英语"课程。

### 一、学科课程结构

　　《义务教育英语课程标准（2022年版）》指出："语言能力指运用语言和非语言知识以及各种策略，参与特定情境下相关主题的语言活动时表现出来的语言理解和表达能力。英语语言能力的提高有助于学生提升文化意识、思维品质和学习能力，发展跨文化沟通与交流的能力。"①我校"童趣英语"课程从听、说、读、写、综合能力的自主学习培养与提高出发，分为童趣乐听、童声童语、童趣悦读、童心绘写以及童星探究五个板块进行建构，如图3-1所示：

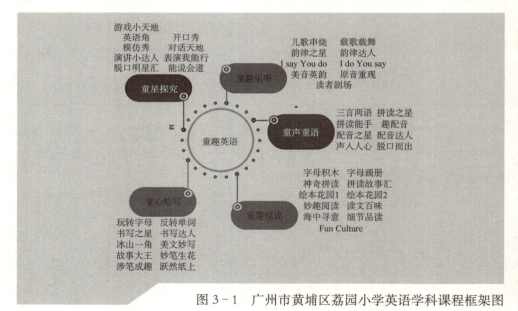

图3-1　广州市黄埔区荔园小学英语学科课程框架图

① 中华人民共和国教育部. 义务教育英语课程标准（2022年版）［S］. 北京：北京师范大学出版社，2022：4.

## 二、学科课程设置

依据课程标准,结合我校的校本分级目标,"童趣英语"学科课程分为"童趣乐听""童声童语""童趣悦读""童心绘写"及"童星探究"五个模块进行学科课程设置。一至六年级的"童趣英语"课程设置如表 3-2 所示:

表 3-2　广州市黄埔区荔园小学英语学科课程设置表

| 年级 | 童趣乐听 | 童声童语 | 童趣悦读 | 童心绘写 | 童星探究 |
|---|---|---|---|---|---|
| 一年级上 | 儿歌串烧 | 三言两语 | 字母积木 | | 游戏小天地 |
| 一年级下 | 儿歌串烧 | 三言两语 | 字母画册 | | 游戏小天地 |
| 二年级上 | 载歌载舞 | 拼读之星 | 神奇拼读 | 玩转字母 | 英语角 |
| 二年级下 | 载歌载舞 | 拼读之星 | 拼读故事汇 | 反转单词 | 英语角 |
| 三年级上 | 韵律之星 | 拼读能手 | 绘本花园 1 | 书写之星 | 开口秀 |
| 三年级下 | 韵律达人 | 拼读能手 | 绘本花园 2 | 书写达人 | 模仿秀 |
| 四年级上 | I say You do | 对话趣配音 | 妙趣阅读 | 冰山一角 | 对话天地 |
| 四年级下 | I do You say | 短文趣配音 | 读文百味 | 美文妙写 | 演讲小达人 |
| 五年级上 | 美音英韵 | 配音之星 | 海中寻意 | 故事大王 | 表演我能行 |
| 五年级下 | 美音英韵 | 配音达人 | 细节品读 | 妙笔生花 | 脱口明星汇 |
| 六年级上 | 原音重现 | 声入人心 | Fun Culture | 涉笔成趣 | 能说会道 |
| 六年级下 | 读者剧场 | 脱口而出 | Fun Culture | 跃然纸上 | 能说会道 |

## 三、学科课程内容

基于听、说、读、写以及综合能力的培养,"童趣英语"课程内容要点设置如表 3-3 所示:

表 3-3　广州市黄埔区荔园小学英语学科课程内容要点

| 模块 | 课程名称 | 内容要点 |
|---|---|---|
| 童趣乐听 | 儿歌串烧 | 能演唱歌曲,能读小诗 |
| | 载歌载舞 | 通过唱歌、念歌谣、做游戏、听故事等活动,激发学生学习英语的兴趣 |
| | 韵律之星 | 能以身体语言辅助单词学习 |
| | 韵律达人 | 积极参与课堂活动,努力模仿,乐于动口、动手 |
| | I say You do | 听到指令 Put … in/on/under/behind your … 后能做出动作 |
| | I do You say | 在所学单词和实物之间建立起联想 |
| | 美音英韵 | 能欣赏英美发音 |
| | 原音重现 | 能欣赏英美发音,并尝试模仿 |
| | 读者剧场 | 能听懂一些英语名著,并尝试表演 |
| 童声童语 | 三言两语 | 词汇:father, mother, brother, sister, boy, short, tall, big, small, grandpa, grandma<br>句型:Who's this? My mother.<br>区别使用 he, she<br>知道家庭成员的称呼。<br>能用 Who's this? 询问家庭成员并做出简单应答 |
| | 拼读之星 | Sight words |
| | 拼读能手 | 自然拼读 c-v-c 单词及字母组合拼读 |
| | 对话趣配音 | 通过参与课堂中的对话配音学习活动,培养学生参与课堂教学活动的兴趣和积极性 |
| | 短文趣配音 | 通过参与课堂中的短文配音学习活动,培养学生参与课堂教学活动的兴趣和积极性,提高语言交际能力 |
| | 配音达人 | 通过参与课堂中的配音学习活动,培养学生参与课堂教学活动的兴趣和积极性,提高语言交际能力,增强学习自信心 |
| | 声入人心 | 能用所学时态描述人们的活动。<br>能读英语故事 |
| | 脱口而出 | 能用思维导图对本学期所学的知识进行整理归纳 |
| 童趣悦读 | 字母积木 | Sight words kids 1A 1B |
| | 字母画册 | Sight words kids 2A 2B |
| | 神奇拼读 | Phonics Kids 3A 3B |

| 模块 | 课程名称 | 内容要点 |
|---|---|---|
| | 拼读故事汇 | Phonics Kids 4A 4B |
| | 绘本花园1 | 丽声绘本故事书第一级（上） |
| | 绘本花园2 | 丽声绘本故事书第一级（下） |
| | 妙趣阅读 | 丽声绘本故事书第二级（上） |
| | 读文百味 | 丽声绘本故事书第二级（下） |
| | 海中寻意 | 丽声绘本故事书第三级（上） |
| | 细节品读 | 丽声绘本故事书第三级（下） |
| | Fun Culture | 简单的英语名著 |
| | Fun Culture | 英语寓言故事 |
| 童心绘写 | 玩转字母 | 字母书写、大小写以及笔顺 |
| | 反转单词 | 单词书写 |
| | 书写之星 | 句子：大小写、标点符号、单词间间隔 |
| | 书写达人 | 句子书写 |
| | 冰山一角 | 连词成句 |
| | 美文妙写 | 1. 陈述句<br>2. 疑问句 |
| | 故事大王 | 对话书写 |
| | 妙笔生花 | 小短文书写 |
| | 涉笔成趣 | 短文润色 |
| | 跃然纸上 | 整体文章书写 |
| 童星探究 | 英语角 | 能听读并执行简单的指令 |
| | 开口秀 | 简单的交际用语 |
| | 模仿秀 | 简单的听对话模仿 |
| | 对话天地 | 角色扮演 |
| | 演讲小达人 | 就主题发表简单的讲解 |
| | 表演我能行 | 根据课文进行表演 |
| | 脱口明星汇 | 故事演说 |
| | 能说会道 | 表演故事或短剧 |

# 第四节　采撷童言，发散英语的无穷魅力

根据《义务教育英语课程标准(2022年版)》，针对本校一年级到六年级开设的"童趣英语"课程，我校根据以下三点原则选择并贯彻了"童趣英语"课程内容。一是要注意与课本知识的联系，使学生凭借从课本中获得的知识、技能等到研究性课程中去实践、去发现、去求知；二是注意发挥研究性课程在激发学生学习兴趣方面的优势，在充分考虑课堂教学需要的基础上，注重内容之间的互相搭配、互相补充；三是注意发挥研究性课程在培养学生能力，尤其是认识能力及自学能力方面的优势，组织适合能力训练的材料，安排听、说、读、写等各方面的内容，以适当的授课形式，使学生的能力在学习中得到理想的发展。"童趣英语"旨在引领儿童发现语言的美，提升儿童的英语素养。"童趣英语"学科课程的实施主要从以下几个方面入手：

## 一、打造"童趣课堂"，提升英语课堂教学质量

课堂是学生学习英语的主要场所，也是最佳时间。我校构建的"童趣课堂"，通过在英语课堂教学中加入童趣元素，营造童真有趣的课堂教学氛围，让孩子沉浸在快乐的学习中，引导学生自主学习。童趣的加入就是要求教师在教学时考虑到小学生的年龄特点，以多种游戏的形式结合教师的教与学生的学，这样能提高英语学习效率，营造课堂学习气氛，使学生保持持久的学习积极性和主动性。

**（一）"童趣课堂"的实施方法**

1. 使课程具有趣味性

学生有好动，求新求异的强烈愿望。因此，我们必须因势利导，不要盲目地为了追求课堂纪律而打击他们的好奇心和求知欲。上课时，教师应当尽可能多地用抑扬顿挫、语调丰富、风趣幽默、充满诱因或悬念的语言，并配以丰富的表情和手势来组织课堂教学，给学生创造一个开放宽松的教学环境。和谐的课堂气氛可以使学生们怀着轻松愉快的心情投入学习，自然就敢用英语大胆发言，积极思维，不断产生学习英语和施展能力的趣味性。新教材中有很多内容涉及学生所熟悉的生活，因此我们应适当地把教室变成他们的活动场所，让他们自由地施展个性，激发他们学习英语的趣味性、积极

性,他们的学习内驱力自然逐步增强。

2. 提问具有目的性

课堂提问不应是随意的,而应是备课中的一部分。因此,在备课时,除根据大纲要求熟练掌握教材内容,抓住各单元、各课知识的重点和难点,做到有的放矢,还应将所要提问的内容精密地设计好,针对不同层次的学生设计不同的问题。简单的问题由基础弱的同学来回答,复杂而较难的问题则由中上等学生来答,适当减少成绩好的学生被提问的机会,尽量扩大被提问的覆盖面,这样才会使全体学生都有回答问题的主动性和积极性,而不被认为只是成绩好的同学的事。同时,针对问题的难易留出思考和准备回答的时间,使所有同学都觉得有被叫到的可能,从而使他们积极思考问题。

设计问题要抓住教学中的实质性的问题。所提的问题可以针对新课的导入,对课文内容的理解,对课文中出现的句型、语法的运用以及易混易错的词组的辨析。无论是哪一类型的提问,都要注意启发性,所提问题要能启发学生思维。要多用鼓励性的语言。对难度较大的,不能直接找到答案的问题,要留出足够的时间让学生思考或是给一定的时间让学生们相互讨论或是作适当的提示。启发学生从哪方面思考,让学生逐渐学会自己去总结、归纳、思索,不让学生有恐问症。

3. 知识讲解具有实用性

从心理学角度来说,直接印象比间接印象深刻得多。在讲解知识点时,要适当给学生举一些例句,以便使学生印象深刻而牢记一些词、词组、句型或语法。

4. 举例首先要具有准确性

教给学生的知识首先应是准确无误的,同时还要注重语言文化的差异及风俗习惯的不同。根据不同的语言环境,使用地道的英语进行交际,而不是中式式的英语。其次要具有比较性。对所举例子要精心选择,要通过恰当的例句比较,使学生准确地理解和区别含义;对语法项目可通过比较它们在句中的位置及功能来分辨。

5. 练习具有竞争性

要想使课堂直接活跃起来,就要让每个学生参与到活动中去。根据操练内容的不同,可按自然座位把学生分成四大组,组内又分二人组、四人组,成绩评定以大组为单位。一大组内各成员之间的英语水平可能有好有差,但四个小组之间这种差异就不大了,实力基本均衡,分成四个组后,它们就是四个小集体。在操练过程中,每个学生都想为这个小集体争光,都有很强的竞争意识,体现了学生之间的互动性。教师抓住学生的这种心理,让学生以竞争的方式来完成操练内容,有时会出现几人同时要回答或表演的情况,这样教学内容常可提前完成,容量可增大。教师对学生操练结果作出评判。最终胜利的一组,教师可给予奖赏,并作好记录,以便一个阶段一评定。获胜组的学生会觉得有成就感而感到高兴,未获胜的组会不甘示弱,想在下次操练竞赛中有出色表现。通过竞赛活动,课堂气氛活跃起来,学生的积极性、主动性、合作意识会得到充分的展示。

在整个课堂活动中,学生是主体,教师应作为一名导演起主导作用,对学生的情感起支配作用。教师要善于通过不同教学方式来调动和激发学生学习英语的积极性,刺激和启发学生思维,活跃课堂气氛,以达到提高学习效率的目的。

**(二)"童趣课堂"的评价标准**

"童趣课堂"应该是以学生为主体的课堂教学,通过学生的主动学习来促进学生的发展。学生能够采取"自学探究""合作学习"等多种方式进行有效的学习活动。教师要注意为学生的学习创设情景,让学生能够充分感受学习的快乐。要注意引导和组织学生的自主探究活动,指导学生完成学习计划。在教学过程中,通过师生互动、生生互动,引导学生积极参与课堂教学的全过程,教师适当点拨,指导学生对教材进行深入探究,使学生在学习过程中,逐步形成综合运用所学知识解决实际问题的能力,体现发展性和生成性,做到举一反三、融会贯通。学生在学习中的情感体验、态度获得和知识的积累不断提高。教学设计要有一定的挑战性,能激发学生进一步学习的兴趣,启发学生思考,鼓励学生创新。教学设计有序、恰当,重点准确、难点突出。评价标准如表3-4所示:

表3-4　广州市黄埔区荔园小学英语学科课程评价表

| 评价内容 | 环节 | 标准 | 具体要求 | 分值 |
|---|---|---|---|---|
| 教学设计 | 教学目标 | 体现衔接教学 | 1. 符合英语课程标准和教材的要求及学生实际。<br>2. 明确、合理、具体、可操作性强。<br>3. 注重培养学生自主学习能力,注重对学生思维能力的培养。 | 10分 |

| 评价内容 | 环节 | 标准 | 具体要求 | 分值 |
|---|---|---|---|---|
| 教学实施 | 教学内容 | 体现教学新理念 | 1. 知识结构合理,突出重点、兴趣点,难易适度。<br>2. 融入学生经验之中,联系学生生活和社会实际,适时适量拓展。<br>3. 注意科学性、系统性及知识密度,注意对教材进行合理取舍、整合,并能适当补充材料。<br>4. 呈现教学内容时,注重直观明了,层次清晰,讲解简明、准确;能激发学生兴趣;任务设计符合学生实际,能激活学生的求知欲望。 | 10分 |
| | 教学过程 | | 1. 根据学科特点创设有助于师生对话、沟通的教学情境,营造民主、和谐、互动、开放的学习氛围,激发学习兴趣。<br>2. 引导学生主动、合作学习,组织多种形式的探究、讨论、交流等活动,培养其发现和解决问题的能力。<br>3. 激活学生思维,能大胆质疑问难,发表不同意见,以学生问题为出发点,形成动态生成的教学过程。<br>4. 教学中体现横向学科融合和纵向学段对接,培养学生整体把握知识的能力。 | 15分 |
| | 教学氛围 | | 1. 寓学法指导于教学之中,寓德育于教学内容之中;善于鼓励学生,点评适宜。<br>2. 根据教学实际科学运用教学方法,充分体现学科特点,做到因材施教,重视思维训练。<br>3. 多媒体技术应用适时适度,准确、熟练。 | 15分 |
| | 学生表现 | | 1. 参与态度:热情高,主动参与,自主学习意识强。<br>2. 参与广度:全班不同层面的学生参与学习的全过程,有充分参与的时空和有效的合作。<br>3. 参与深度:学习内容、感受体验由浅入深,学生能提出有意义的问题和新的见解。 | 15分 |
| | 教师表现 | | 1. 有较强的组织协调能力、应变能力和即时评价能力,有教改创新精神,有良好独特的教学风格。<br>2. 教态亲切有感染力,板书规范;语音、语调准确,口语流利,充满激情,能用英语或基本上能用英语组织教学。<br>3. 充分发挥教师的主导作用,语言简洁,有亲和力,关爱学生,与学生距离近,寓教于乐。 | 15分 |

| 评价内容 | 环节 | 标准 | 具体要求 | 分值 |
|---|---|---|---|---|
| 教学<br>效果 | 目标<br>达成 | 1. 多数学生能积极主动学习,积极认真思考,熟练掌握知识。<br>2. 在学会学习和解决问题过程中形成一定的能力和方法。<br>3. 学生的情感、态度、价值观都得到相应的发展。 | 20分 |
| 合　计 | | | | |

(说明:以上各项累计得分 90 分以上为 A,89—80 为 B,79—60 为 C,60 分以下为 D。)

## 二、建构"童趣课程",丰富英语课程内容

教材是按照课程标准编写的最重要的教学资源之一,是英语课堂教学的主要文本。课标倡导跳出文本,但倡导跳出文本并不是不要文本,跳出文本首先是跳出一切都基于文本。"童趣课程"课堂要求教师在传授英语知识和引导学生进行英语能力训练的过程中,以教材为框架,以学生面临的实际情况为内容,以教室为舞台,让学生带着自己原有的知识背景、活动经验和理解走进学习活动,并通过自己的主体活动——独立思考、与他人合作交流等去构建对英语的理解。

### (一)"童趣课程"的建设路径

"童趣课程"要求英语课堂教学内容紧密联系实际,创设贴近生活的情景。"童趣课程"充分遵循现代学生的学习方式,特别是体验性的学习方式,它是现代学生学习方式的突出特征。在学习活动过程中,通过创设课堂情景来贴近学生生活,有利于学生全身心地投入。学生不仅要动脑思考,而且要动眼观察、动耳倾听、动口说话、动手操作,即用自己的身体全身心地感悟学习和创造生活。另外,通过创设课堂情景来贴近学生生活,有利于学生取得直接经验,而直接经验是既容易理解又难忘的经验,它为新知识的输入提供了很好的空间。

(1)挖掘资源,让英语知识在课堂中重现。充分利用教材,挖掘教材资源。现行广州版教材,其对话比较口语化,比较长,学生读起来难以上口。"童趣课程"可以根据学生的实际特点去整合教材,自己改编一些适合学生的教学材料,使课本上的语言点

以新的面目再现。

（2）活用教材。课堂教学是教师运用教材和活用教材的主阵地，而讲课是教学的中心环节。在学生百思不解之时，在疑难问题的关键之处，教师给予少、精、活、透的讲解是必不可少的教学环节。教师在学生预习课文基础上设疑。然后，以课文主要内容为主线进行提问，提问的内容以重点句型为主，但由于学生容易遗忘，因此教师在设计问题的时候还要提问一些以前学过的知识。

（3）联系生活，让英语知识在生活中重现。随着年龄的增长，学生的英语知识也在不断增长，立足学生自身的生活内容，教师在与学生的接触和生活中，由浅到深、从少到多，潜移默化地引导他们运用所学的英语知识，探索成长的规律，让他们在不知不觉中重现英语知识。除了课堂上的对话外，教师还可鼓励学生在课后和生活中多进行互相问答。这样，通过丰富多样的形式，让学生在一问一答中使英语知识得到重现，学会表达。

**（二）"童趣课程"的评价方式**

布鲁纳说："教师必须采取提供学习者最后能自行把矫正机能接过去的模式，否则，教学的结果势将造成学生跟着教师转的掌握方式。"①也就是说，教师不仅要做好自己对学生的评价，更要帮助学生学会自我评价，使自己从讲台上的传授者转变为学生学习的促进者。学生是学习的主体，无疑也是评价的主体。在各类评价活动中，学生都应是积极的参与者和合作者。"童趣课程"要确立以人为本的评价模式，坚持发展、变化的过程评价，关注学生的主观能动性，激发学生积极主动的态度，促进学生自主的个性化、多元化发展。

传统的教育评价，片面强调和追求学业成绩，忽视了学生的主体性和能动性，往往使学生的自评变得无足轻重。新课程下的课堂评价应改变过去学生一味被动接受评判的状况，发挥学生在评价中的主体作用。自我评价能够培养学生为自己的学习负责的能力，鼓励他们自己思考，使他们看到自己取得的成绩以及需要帮助的地方。在"童趣课堂"运用较多的是教师引导下的学生自评。

1. 学生课堂自评的方法

（1）口头及时评价。如在表演英语歌曲、说唱童谣时，教师就可以引导学生进行自评 What do you think of yourself? 或者教师问学生 What do you want to give

---

① J.S.布鲁纳.论教学的若干原则[J].教育研究，1979(5)：60-65.

yourself?学生根据表现从 A、B、C 中自选一个等级进行评价。教师通过提问的方式引导和鼓励学生反思他们的学习经历,帮助他们确定新的学习目标。

(2)填写《自评表》,进行反思式自评。教师和学生共同制定《英语课堂学习自评表》,学生从学习态度、学习兴趣、学习策略等方面对自己的某一学习成果进行反思。通过自评获得个人反馈,并将每次的自评建档,从而全面了解自己在某一段时间所学知识和技能的情况,对自己的学习成绩形成一个正确的态度和评价,不断改进自己的学习方式,提高英语学习的效果。

(3)完善《英语学习档案袋》。档案袋具有明显个性特征和英语学科特点,主要收集学生设计创作的单词卡、句子卡、动手实践作业、检测报告单、口语录音带、表扬信等。如在学习动物以后,学生自己搜集动物单词,把设计最好的动物单词卡片装入档案袋。课堂内用五分钟时间对学生档案袋中的东西进行交流和介绍,对搜集到的新知识,教师加以引导,及时表扬学生。这种评价只需教师在开始阶段进行引导,不久学生便能独立完成,进行自我评价。课堂上的他人评价主要指教师对学生的评价和学生之间的互相评价。

2. 学生对学生的互评

(1)学生个体之间的语言评价。一个学生回答问题或者参加活动以后,分别请一些学生在口头上对其做出相应评价。学生评价时使用的语言随着年级的增加可相应加大难度。低中年级可只给出评价结果,高年级则不光有结果,还要给出自己的理由。

(2)同桌填写互评表。学生在教师的指导下自己设计互评表,利用下课前的两三分钟时间进行同桌互评。互评表可以包括学习态度、学习策略等方面。

(3)集体对个体的评价。把鼓励性语言运用到全班,使学生得到集体的肯定。可以让学生的行为与教师的期待形成一个不断深化的良性循环,这种良性循环无疑对教学是有利的。

## 三、开展"童趣英语节",营造英语学习氛围

语言离不开环境,离不开实践,它必须在实践中不断地使用,不断地重现,这样学习者方能记牢。随着观念的更新,教学已不仅局限于课堂,而是开放型的。因此本校开展"童趣英语节",利用一切机会,帮助学生拓宽英语使用的环境,让学生在不同的环境中多次地运用英语知识,真正做到活学活用。

"童趣英语节"倡导全员参与,寓教于乐,寓学于乐,乐学其中,学于其中。活动内容

分为"全员参与"和"自主参与"两大模块。"全员参与"模块包括"生活中的英语""日常口语""英语书写大赛"等内容,涵盖了听、说、读、写等学科核心素养。"自主参与"模块包括"英文歌曲比赛""英语讲故事比赛""英语情景剧表演"和"文化节日展演"等内容。

**(一)"童趣英语节"的活动设计**

（1）将日常节日与英语相结合,利用节日、生日,开展英语主题活动。节日既是社会文化生活的反映,也是人文精神的体现。母亲节、儿童节、中秋节等都是可利用的资源。如在母亲节,就可以让学生设计一张爱心卡,把对妈妈说的话用英语表述出来,然后收集优秀的作品,并在全班展示,同时评选出"爱心天使"。在这种写写画画多元文化的氛围下,学生们在真实的语境中感受了别样的气息,提高了写作水平,更好地体现了语言的交流作用。

（2）创办我校特色十二大"童趣英语节"。为了让学生能参与到日常的英语学习中,我校特意以比赛或展示的形式设立十二种特色的英语节。定期举行如唱歌、讲故事、朗读、自制手抄报等富有竞争气息的比赛活动。学生在活动中通过精心策划、各显神通,不仅获得成就感,也培养了他们创新思维的能力。具体节日设置如表3－5所示:

表3－5 广州市黄埔区荔园小学英语学科节日表

| 年级组 | 英 语 节 | |
|---|---|---|
| 一年级 | 比赛 | 1. 英语字母创意画比赛 |
| | | 2. 一年级英语歌曲歌谣大比拼 |
| | 展示 | 歌谣展示 |
| 二年级 | 比赛 | 单词拼读初赛 |
| | 比赛 | 单词拼读决赛 |
| 三年级 | 比赛 | 书写比赛 |
| | 展示 | 各班英语歌曲联唱 |
| 四年级 | 展示 | 1. "国际小天使"集印章游世界 |
| | | 2. 环游世界主题作文 |
| 五年级 | 展示 | 1. 了解圣诞,举办"元旦"联欢会 |
| | | 2. 手抄报展示 |
| 六年级 | 展示 | 英语故事表演 |

### (二)"童趣英语节"的评价方式

"童趣英语节"分为"比赛"环节与"展示"环节,其评分标准如下:

1. 英文展示评分标准

满分 10 分,其中音准 3 分,节奏 3 分,难度 3 分,台风及效果 1 分。

2. 英文书面比赛评分标准

采用上交作品的方式进行比赛,内容由英语科组统一限定、纸张统一,英语老师先在班级组织,再选送 5 篇优秀作文上交科组,最终将从书写、内容等方面进行评比,将成绩相加得到总分,满分 10 分。

3. 英语故事表演评分标准

要求自选剧本,自备道具,语音准确,声情并茂,内容积极健康,时间限定为 5 分钟。每班限报 1 个节目,评分标准:满分 10 分,其中语音 4 分,仪表及台风 3 分,内容 2 分,效果 1 分。

## 四、搭建"童趣展示平台",浓郁英语文化氛围

创设自由、和谐的英语表达环境氛围,不歧视学生差异,引导他们在大胆表达中丰富思维感知,能帮助学生主动转化认知体验。"童趣平台"是为学生提供良好英语表达环境的重要展示平台,其中包括英语口语展示平台与英语书面展示平台。

### (一)"童趣展示平台"的主要类型

1. 作品展示平台

"童趣英语"课堂要求每间教室里都设有一个"英语角",专门用来展示学生们的作品、新的英语学习信息和交流同学们的学习心得等。因为"英语角"的存在,因为一个个作品的展出,激发了更多学生的欲望,因而学得更起劲了,作业更美观了,创意更独特了,形成了一个你追我赶的良好学习态势。另外,英语科组还发挥学校活动板的作用,有计划地展示学生的假期英语作业,如英语手抄报、英语海报设计等,不仅激发了学生学习英语的热情,也调动了教师主动参与的能动性,形成了英语学习的良好氛围。

2. 声像展示平台

每周的星期二定为"童趣英语日",该天的早读、午读都规定为读英语,充分利用中午小广播的效力,主要是讲英语趣事、简单对话以及语法上要注意的问题等。同时,学

校门口的礼仪小天使要用英语向老师问好。让学生在声像刺激中受到熏陶,在耳濡目染中得到学习。

### 3. 舞台展示平台

小学生正处于一个表现欲强的年龄阶段,只要为他提供一个舞台,他就会跳出美轮美奂的舞蹈来。换个说法就是,这个舞台是学生个性的舞台。"童趣英语课堂"以英语表演为突破,营造一个学英语、用英语的良好氛围。举办"English Show"等表演,激发同学们参与的积极性。

### (二)"童趣展示平台"的评价方法

#### 1. 课堂表现情况

为了在英语课上充分发挥学生的潜能,激励学生既能大胆回答问题,又能自觉遵守纪律,"童趣英语课堂"设计了课堂表现记录表。表格由"发言情况""守纪情况"和"获奖情况"三部分组成。发言一次则在相应栏目贴上一颗红色的小星星,纪律好被表扬一次则在相应栏目贴上一颗黄色的小星星。累计十颗小星星就可以由老师亲自给盖上一枚"大拇指"奖章。"课堂表现记录表"有效地调动了学生发言的积极性,帮助他们逐步养成良好的课堂习惯,并使教师能及时掌握第一手的学生课堂表现资料,从而能准确地把握学生在各个阶段的学习状况,及时调整教学设计,为进一步改善工作提供有益的参考。记录表如表3-6所示:

表3-6 广州市黄埔区荔园小学英语学科课堂表现记录表

时间:____年____月 姓名:_____

| 日期 | 发言情况 | 守纪情况 | 获奖情况 |
|---|---|---|---|
| 1 | | | |
| 2 | | | |
| 3 | | | |

以上表格每月一张,学生每天填写,教师定期检查,家长协助监督。

#### 2. 学习能力评估

对学生而言,掌握学习方法比掌握知识更重要,学习能力比学习结果更重要。只有使学生成为学习的主人,让家长、老师、同学共同参与评价,才是科学全面的教学评

价方式,因此"童趣英语课堂"设计了"学习能力评估表",如表3-7所示:

表3-7　广州市黄埔区荔园小学英语学科学习能力评估表

| 姓名 | | 学号 | | 班级 | | 年级 | | 总分 | |
|---|---|---|---|---|---|---|---|---|---|
| 口语 | 说读40 | 书面 | 听写30 | 自评10 | 兴趣3 态度3 能力4 | 组评10 | 兴趣3 态度3 能力4 | 师评10 | 表现5 能力5 |
| 成绩 | | 成绩 | | 成绩 | | 成绩 | | 成绩 | |

通过"学习能力评估表",学生不断进行自我反思,并逐步养成良好的学习习惯。同时教师可以及时向家长汇报孩子在学校的学习情况,进一步做好学校与家长的沟通工作,使教师的工作更具目的性,更有成效。

3. 学习任务完成情况

要想学好英语,一定要多读、多听,还要养成按时完成作业的习惯。因此,学生仅仅靠课堂上的学习是远远不够的,应该督促学生每天在家自觉地听读英语。因此,"童趣英语"课程设计了"学习任务完成情况记录表",如表3-8所示:

表3-8　广州市黄埔区荔园小学英语学科学习任务完成情况记录表

姓名:_____　星级:_____　家长签字:_____

| 任务类型 ＼ 星级 | ☆☆☆ | ☆☆ | ☆ | 家长意见 |
|---|---|---|---|---|
| 朗读单词 | | | | |
| 朗读句子 | | | | |
| 唱英文歌 | | | | |
| 拼写单词 | | | | |
| 日常对话 | | | | |
| 认读句子 | | | | |
| 角色表演 | | | | |

以上表格家长协助监督。教师在学生和家长的反馈意见中不断找出教学不足,及时反思教学,家长在了解学生在校学习情况之后,要向教师反馈意见,反映孩子在家的学习表现,也可以向教师提出改进和提高教学质量的好的建议。

## 五、设计"童趣作业",延伸课后发展

"童趣作业"是让学生根据自己的智能特征,在教师的引导下自主选择、参与作业内容的设计。作业可以自己留、互相留、教师留(征求学生的意见),课前自己质疑、自己设计学习思路,搜集与新课有关的信息材料等。这类作业重在培养学生主动学习的态度和创新精神。

### (一)"童趣作业"的设计要点

从做作业的时间方面分析,可以考虑短期作业和长期专题性作业相结合;从作业承担者角度分析,可以考虑个人作业、小组合作作业和全班作业等不同的作业形式;从作业兴趣角度分析,可以考虑把传统的单一性作业方式和趣味性、多样化作业结合在一起。如对同一篇课文,喜欢朗读的学生可以自己对精彩段落进行训练,他的自主型作业就是口头作业;喜欢绘画的同学可以根据课文内容绘制简笔画;喜欢阅读的同学可以去图书馆或上网搜集一些与课文有关的资料,向同学推荐;喜欢写作的同学可以续写课文或者写一些感悟类的短文等。这样,学生和教师双方都有新鲜感。

### (二)"童趣作业"的评价标准

爱因斯坦说过:"教育应该让学生将提供的东西作为一种宝贵的礼物来享受,而不是作为一种艰苦的任务来承担。"为什么学生会认为英语作业不容易完成,甚至不愿意完成,除了英语作业本身的特殊性和学生所处大环境的形势所迫等因素以外,还有一个很重要的原因就是学生的心理排斥或心理障碍。他们把英语作业当成了一项不小的负担。学生完成的作业,从某种程度上说,就是学生的作品,任何人都渴望自己的辛勤之作能被别人所接受,能被别人所欣赏。因此,在批改学生的作业时,也要注意方式。

1. 学生互评

学生是学习的主体,是学习的主人。在作业评价中,我们以学生发展为本,让学生主动参与评价作业,创设学生互动的机会。

2. 教师采取多种评价方式

教师可以尝试趣味评价。有学生一时偷懒或有其他原因没能完成作业,教师可以给学生一个哭脸甚至带几滴眼泪,表明这样使老师很伤心难过,以后别再这样了。这种既能给予学生更多机会和发挥空间,又富有人性化的评价形式深受学生喜欢,更促进了学生及时发现、更正作业中的错误,作业检测学生学习效果的目的也就达到了。

教师还可以应用激励评语。教师对作业进行书面的点评和评估,要能引导学生关注和思考,引导学生在以后的学习活动中扬长避短,提高学习效果。点评不仅要传递知识信息,还要起到表达情感的作用。所以热情、风趣、委婉、充满期待的评语,能使学生感受到教师的关爱与信任。

3. 家长参与评价

让家长随时参与到学生的成长过程中来,以更细腻的感情观察孩子每时每刻的变化,感受孩子心中那份独特的创造思维。家长参与作业的过程中,对学生的作业进行必要的督促,对学生作业过程中的困难提供有力的帮助。

评价标准包括:

(1)是否改变作业内容,能否创造性地布置多元化作业。(25 分)

(2)学生学习英语的兴趣是否得到提高,能否积极热情地完成作业。(25 分)

(3)良好的作业质量能否提高学习成绩。(25 分)

(4)是否培养了学生在日常生活中运用英语的本领,能否帮助学生拓宽英语使用的空间,并提高他们的语言应用能力。(25 分)

说明:以上各项累计得分 90 分以上为 A,89—80 分为 B,79—60 分为 C,60 分以下为 D。

"童趣英语"的建设与实施,很好地改善了英语课堂枯燥、乏味的现象,大大地提高了学生的学习热情与学习主动性,同时紧密联系《义务教育英语课程标准(2022 年版)》,改善了英语教育教学的模式与方法,满足了日益增长的学生英语学习的现实需求。

(撰稿者:黄瑜　肖少净　陈婉欣)

# 第四章
# 元素统整性与磁性科学

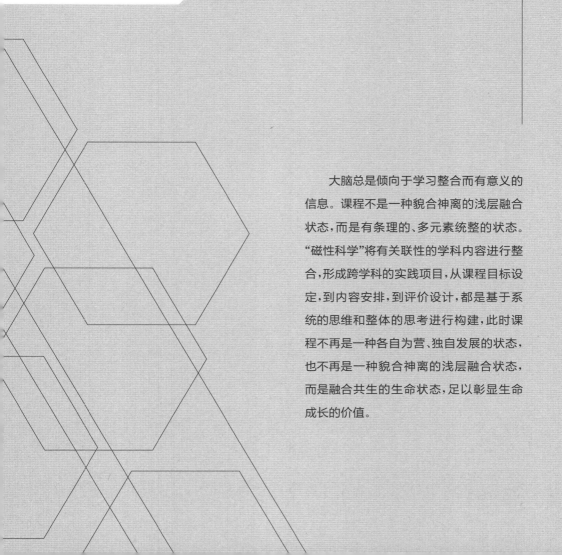

大脑总是倾向于学习整合而有意义的信息。课程不是一种貌合神离的浅层融合状态，而是有条理的、多元素统整的状态。"磁性科学"将有关联性的学科内容进行整合，形成跨学科的实践项目，从课程目标设定，到内容安排，到评价设计，都是基于系统的思维和整体的思考进行构建，此时课程不再是一种各自为营、独自发展的状态，也不再是一种貌合神离的浅层融合状态，而是融合共生的生命状态，足以彰显生命成长的价值。

广州市黄埔区荔园小学是广东省青少年科学教育特色学校。科学科组共有教师8人,其中广州市科技骨干教师3人,广州市优秀教师1人。教师们有优异的科研水平和管理能力,获奖众多。我们依据教育部《关于深化课程改革落实立德树人根本任务的意见》《义务教育科学课程标准(2022年版)》等文件精神,推进学校科学学科课程群建设,取得了良好的效果。

# 第一节　激发兴趣，让孩子爱上科学爱上探究

## 一、学科性质观

让孩子对未知的世界充满好奇，感受探索未知的乐趣，给孩子们一双善于发现新知的眼睛，让每一个孩子都爱上科学、爱上探究，让孩子们的核心素养在丰富多彩的活动中日就月将，是荔园小学"磁性科学"学科课程群不变的初心和使命。

《义务教育科学课程标准（2022 年版）》指出："科学、技术与工程的相互促进作用日益增强，推动着生产力的发展、经济的繁荣和社会的进步，促进了人们生产方式和生活方式的变革，提高了人类社会的物质文明水平；科学为人类认识和理解自然与社会提供了独特的思想方法、思维方式、精神力量和价值观念，提高了人类社会的精神文明水平。"[1]义务教育科学课程是一门体现科学本质的综合性基础课程，具有实践性，有助于学生保持对自然现象的好奇心，从亲近自然走向亲近科学，初步从整体上认识自然世界，理解科学、技术、社会与环境的关系，发展基本的科学能力，形成基本的科学态度和社会责任感，逐步树立正确的世界观、人生观和价值观，为今后的学习、生活以及终身发展奠定良好的基础；有助于提高全民科学素质，促进经济社会发展和科技强国建设。[2] 荔园小学"让每一个孩子都爱上科学"的课程理念，将孩子们吸引在科学课堂周围，通过丰富多彩的科学学习活动，提升孩子们的核心素养，这对于改善生活质量，增强参与社会和经济发展的能力，建设创新型国家，实现经济社会全面、协调、可持续发展都具有十分重要的意义。

## 二、学科课程理念

基于科学的学科性质，结合我校办学理念和儿童实际情况，我们提出了"磁性科

---

[1] 中华人民共和国教育部. 义务教育科学课程标准（2022 年版）[S]. 北京：北京师范大学出版社，2022：1.

[2] 中华人民共和国教育部. 义务教育科学课程标准（2022 年版）[S]. 北京：北京师范大学出版社，2022：1.

学"的学科理念。"磁性科学"的本意是让孩子们通过我校丰富而又独特的科学课程设置,被科学的魅力所吸引,从而爱科学、学科学、用科学。我校科学课程旨在追求"有趣、多元、融合、创新"的境界,让每一个孩子在参与科学学习和活动中爱上科学,使孩子们在"做中学、学中乐、乐中创"的学习过程中提升核心素养。综上所述,我们认为:

**(一)"磁性科学"是儿童的科学**

"磁性科学"课程从儿童的视角出发,尊重、满足儿童的成长需要。用丰富的课程内容和实施途径丰富儿童的科学世界。让孩子们感受到学习和探究科学知识的快乐,让他们全身心投入到"磁性科学"课程的学习中来。

**(二)"磁性科学"是有趣的科学**

儿童对周围世界具有强烈的好奇心和求知欲,这种好奇心和求知欲是推动儿童学习科学的内驱力,对其终身发展具有重要的作用。"磁性科学"课程充分考虑知识、社会、儿童三者的需求,将科学思想、科学知识、科学方法等学习内容融入孩子们的科学探究主题中,创设愉快的学习氛围,保护孩子们的好奇心和求知欲,激发孩子们学习科学的兴趣,引导孩子们主动探究,热爱科学。

**(三)"磁性科学"是多元的科学**

荔园小学的"磁性科学"课程在学校文化的引领下,没有走常规的发展专项的道路,而是尊重每一个孩子独特的个性,为每一个孩子的成长需要提供平台和机会,促进他们个性与人格的健全发展。从课程目标的设定,到内容的安排,到评价的体系,都是多元化的,例如课程内容就涵盖了3D打印、无人机、建筑模型等。课程旨在鼓励更多有兴趣、有条件的学生参与科学探究,充分挖掘其潜能,促进学生创新思维和动手能力的提升。

**(四)"磁性科学"是融合的科学**

"磁性科学"课程倡导跨学科的学习方式,将科学、技术、工程、艺术、数学有机地融为一体,以项目学习、问题解决为导向组织课程。例如我们的创客课程、3D打印、电脑机器人课程等。这种多学科的融合,有利于儿童创新能力的培养。

总而言之,"磁性科学"是有趣的、多元的、融合的。我校科学教研组本着努力为国家培养科技创新后备人才的初心,创造各种条件让孩子们在快乐中增长智慧,在创造中茁壮成长。

# 第二节　潜移默化，让孩子在活动中日就月将

　　《义务教育科学课程标准（2022 年版）》指出：科学课程旨在培养学生的核心素养[①]，为学生的终身发展奠定基础。包括掌握基本的科学知识，形成初步的科学观念；掌握基本的思维方法，具有初步的科学思维能力；掌握基本的科学方法，具有初步的探究实践能力；树立基本的科学态度，具有正确的价值观和社会责任感。基于这些需要，为发展孩子们的核心素养，我校制定了"磁性科学"课程目标。

## 一、学科课程总体目标

　　通过"磁性科学"的实施，孩子们将在核心知识、关键能力、思维方法、以智养德方面得到不同程度的提高。具体阐述如下：

　　**（一）核心知识**

　　"磁性科学"课程以培养学生的核心素养为宗旨，涵盖《义务教育科学课程标准（2022 年版）》所提出的科学知识的目标，学习物质科学、生命科学、地球科学、设计和技术四大领域中浅显的、与日常生活密切相关的知识，尝试解释生活中与科学有关的问题和现象。

　　**（二）关键能力**

　　"磁性科学"课程将使孩子们能够辨识由生活需要而产生的各种技术问题，知道在回答问题时首先要考虑收集证据。能够大胆猜想，有根据地进行假设，根据已有知识与条件进行实验设计，以便能够验证假设。能够通过观察、实验、调查、阅读等多种方式收集可观察和测量的资料。能够运用表格、统计图表等形式分析整理数据资料。能够在基于证据的基础上回答关于物体、事件或系统的特性和规律的问题，从自然现象中发现因果关系。能够调动思维进行理性的思考，参与讨论和辩论，了解科学探究是

---

[①] 中华人民共和国教育部. 义务教育科学课程标准（2022 年版）[S]. 北京：北京师范大学出版社，2022：4.

人们认识自然世界、获取科学知识的主要方法之一。学会使用各种工具，包括科学研究中需要的工具、仪器，也包括技术工具，能运用工具制造产品或解决实际问题。

**（三）思维方法**

《义务教育科学课程标准（2022 年版）》明确指出，科学探究是探索和了解自然、获得科学知识、解决科学问题的主要途径。[①] "磁性科学"课程将让学生知道科学探究需要围绕已提出和聚焦的问题设计研究方案，通过收集和分析信息获取证据，经过推理得出结论，并通过有效表达与他人交流自己的探究结果和观点；能运用科学探究方法解决比较简单的日常生活问题。初步了解分析、综合、比较、分类、抽象、概括、推理、类比等思维方法，发展学习能力、思维能力、实践能力和创新能力，以及运用科学语言与他人交流和沟通的能力。

**（四）以智养德**

"磁性科学"课程将使孩子们对自然现象保持好奇心和探究热情，乐于参加观察、实验、制作、调查等科学活动，并能在活动中克服困难，完成预定的任务。使孩子们具有基于证据和推理发表自己见解的意识；乐于倾听不同的意见和理解别人的想法，不迷信权威；实事求是，勇于修正与完善自己的观点。让孩子们在科学学习中运用批判性思维大胆质疑，善于从不同角度思考问题，追求创新。学生在科学探究活动中能主动与他人合作，积极参与交流和讨论，尊重他人的情感和态度。

# 二、学科课程年段目标

为了实现"磁性科学"课程的总体目标，通过课程的实施，培养具有"科学观念与应用、科学思维与创新、科学探究与交流、科学态度与责任"四大科学核心素养的新一代，我校根据小学课程总目标，制订了一至六年级的单元目标。这里，以三年级具体目标为例，如表 4-1 所示：

---

[①] 中华人民共和国教育部. 义务教育科学课程标准（2022 年版）[S].北京：北京师范大学出版社，2022：7.

表 4－1 广州市黄埔区荔园小学"磁性科学"课程三年级单元目标

| 年级 \ 单元 \ 学期 | 上学期 | 下学期 |
|---|---|---|
| 三年级 第一单元 | 共同要求<br>1. 知道水可以蒸发成气态;知道水沸腾可以加快蒸发;知道水可以凝固成固态;知道水可以溶解一些物质;知道物质发生形变后成分不会发生变化。<br>2. 能用沸腾的方法加速水的蒸发;会通过各种方法加速冰的融化;会混合与分离水及其他物质。<br>3. 认识到水是地球上十分重要的物质,形成保护水、珍爱生命的情感、态度与价值观。<br>校本要求<br>初步了解地球上水的基本状况;初步认识大自然为人类生存提供了各种自然资源。 | 共同要求<br>1. 知道描述物体的位置的方法;了解各种各样不同的运动形式;了解运动线路各有不同;初步了解不同运动方式在斜面上受到的阻力不同;知道比较物体运动速度快慢的方法。<br>2. 会描述物体在某个时刻的位置;会比较滑动和滚动受到的阻力的大小;能与同学合作设计并制作过山车。<br>3. 能通过制作和测试过山车,体验综合性学习的过程,培养合作的意识。<br>校本要求<br>会比较不同条件下物体运动的快慢;能与同学合作完成设计和制作过山车。 |
| 三年级 第二单元 | 共同要求<br>1. 知道空气存在于我们的周围;知道空气能占据空间;知道空气容易被压缩和拉伸;知道空气有质量;知道热空气会上升及风的成因。<br>2. 能通过实验证明空气占据空间、空气有质量、热空气会上升等;会制作热气球。<br>3. 认识到空气是一种常见的资源,生命需要空气,形成保护空气质量、珍爱生命的情感、态度、价值观。 | 共同要求<br>1. 知道蚕的一生会经历蚕卵——蚕——蛹——蚕蛾四个不同形态的变化阶段。<br>2. 知道自然界中的动物都有生命周期,也都要经历出生——生长发育——繁殖——死亡四个阶段;知道人也有生命周期。<br>3. 学会用科学的方法对蚕的身体变化进行比较和测量,并进行记录和描述;学会用流程图和循环图表示蚕及其他动物一生的生长变化规律。 |

| 学期<br>年级<br>单元 | 上学期 | 下学期 |
|---|---|---|
| | 校本要求<br>知道空气是地球表面的一种常见的资源,有容易被压缩和拉伸的特性,可以应用在很多方面。 | 4. 领悟到生命的可贵;知道养蚕缫丝是我国劳动人民的伟大发明。<br>校本要求<br>初步了解动物体的主要组成部分,知道动物的生命周期;初步了解动物都能产生后代,使其世代相传。 |
| 第三单元 | 共同要求<br>1. 知道天气包括温度、降水量、云量等因素;知道可以用各种工具来测量气温、降水量等。<br>2. 会用温度计、雨量计等工具进行测量;了解天气预报形成的简要过程。<br>3. 通过长期记录天气日历,体验科学研究的过程,培养学生不怕困难的意志。<br>校本要求<br>会使用温度计、雨量计等工具进行测量;体验科学工作者的艰苦,对科学工作者产生敬意。 | 共同要求<br>1. 知道关于太阳、地球和月球对我们的生活影响巨大;知道日晷的原理;知道关于太阳、地球和月球表面的一些知识;知道人类探索地球形状的历史。<br>2. 了解科学家探索宇宙空间的过程和方法,感受到科学研究的严谨性;理解阳光下物体的影子的变化规律;理解月相变化的规律。<br>3. 感受科学研究的严谨性,培养严谨探究的科学态度。<br>校本要求<br>通过模拟实验,让学生经历科学家探索地球和宇宙的过程,感受到科学家严谨的科学态度,养成良好的探究习惯。 |

　　总之,我校科学课程将秉承"磁性科学"的学科理念,围绕课程年段目标,发展儿童的核心素养,培养具有应用意识和创新能力的儿童。

# 第三节　项目驱动，构建孩子的核心素养体系

　　为了实现课程目标，使孩子们的个性和特长得到发展，形成对事物的科学理性认识，特搭建"磁性科学"课程框架。

## 一、学科课程结构

　　义务教育科学课程涵盖物质与能量、结构与功能、系统与模型、稳定与变化四个跨学科概念。结合学校"磁性课程"理念，我校科学教研组从学校实际入手，确立了以下课程结构，分为"磁性物质科学""磁性生命科学""磁性地球与宇宙科学""磁性技术与工程科学"四大板块，具体结构如图 4-1 所示：

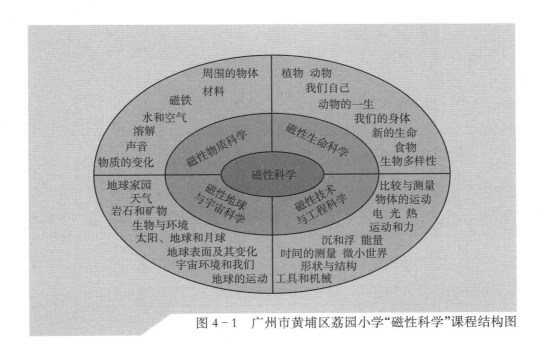

图 4-1　广州市黄埔区荔园小学"磁性科学"课程结构图

"磁性科学"四大板块课程内容具体描述如下：

"磁性物质科学"：了解物质的基本性质和基本运动形式，认识物体的运动、力的作用、能量、能量的不同形式及其相互转换。

"磁性生命科学"：了解生物体的主要特征，知道生物体的生命活动和生命周期；认识人体和健康，以及生物体与环境的相互作用。

"磁性地球与宇宙科学"：了解太阳系和一些星座；认识地球的面貌，了解地球的运动；认识人类与环境的关系，知道地球是人类应当珍惜的家园。

"磁性技术与工程科学"：了解技术是人类能力的延伸，技术是改变世界的力量，技术推动着人类社会的发展和文明进程。

## 二、学科课程设置

依据《义务教育科学课程标准（2022 年版）》，根据一至六年级学生不同的年龄特点、不同知识和技能水平，从科学知识、科学探究、科学态度、社会与环境四方面，分层次对"磁性科学"课程进行了拓展设计。我校"磁性科学"课程设置如表 4－2 所示：

表 4－2 广州市黄埔区荔园小学"磁性科学"课程设置表

| 实施年级 | 上学期 | 下学期 |
| --- | --- | --- |
| 一年级 | 小小测量师 | 曹冲的智慧 |
| 二年级 | 神奇的材料 | 磁悬浮陀螺 |
| 三年级 | 神秘的空气 | 我们的过山车 |
| 四年级 | 声音的秘密 | 创意电路 |
| 五年级 | 气球动力车 | 悬浮的潜艇 |
| 六年级 | 纸桥的力量 | 地球家园 |

## 三、学科课程内容

基于儿童的年龄特点，科学教研组以物质科学、生命科学、地球与宇宙科学、技术

与工程中一些比较直观的、容易感知的、孩子们有兴趣参与学习的重要内容为载体,设置了"磁性科学"课程内容,如表4-3所示:

表4-3  广州市黄埔区荔园小学"磁性科学"课程内容设置表

| 实施年级 | 课程名称 | 内容要点 |
|---|---|---|
| 一年级 | 小小测量师 | 制作一把纸尺,测量指定圆柱的周长,学习工具的制作和使用,体验工具带来的便捷。 |
| | 曹冲的智慧 | 比一比不同物体的轻重,体验比较物体轻重的更准确的方法,感受工具的精确性。 |
| 二年级 | 神奇的材料 | 感受纸的作用,比如隔热、改成一定的形状可以承受更大的重量等。 |
| | 磁悬浮陀螺 | 知道磁铁的性质,能利用磁铁的性质设计和制作各种工具。 |
| 三年级 | 神秘的空气 | 了解空气的性质,知道空气容易被压缩和拉伸,能利用空气的性质制作工具。 |
| | 我们的过山车 | 根据物体运动的规律设计和制作"过山车",在保证"过山车"不会脱轨的情况下,使线路更加复杂。 |
| 四年级 | 声音的秘密 | 知道声音的传播需要介质,在一定的条件下可以使声音传播得更远。 |
| | 创意电路 | 知道简单电路的基本结构,能根据要求设计出符合要求的电路。 |
| 五年级 | 气球动力车 | 知道一些常见的力,并会利用这些力设计并制作出各种工具。 |
| | 悬浮的潜艇 | 知道水有浮力,理解潜艇悬浮在水中的原理,并且尝试设计并制作出可以长时间悬浮的"潜艇"。 |
| 六年级 | 纸桥的力量 | 学习各种形状和结构的承受力的知识,并以此来设计和制作一座纸桥,使纸桥能够承受一定的重力而不变形。 |
| | 地球家园 | 了解地球是我们的家园,需要我们共同爱护,减少污染,保护环境。 |

# 第四节　多元合力，发掘孩子的科学创新潜能

《义务教育科学课程标准（2022年版）》明确指出：科学课程旨在培养学生的核心素养[1]，为学生的终身发展奠定基础。小学阶段的科学教学是为培养儿童核心素养打基础的，科学教师应将核心素养的培养作为教学设计与实施的最高准则。"磁性科学"课程依据学科课程理念、课程目标、课程设置，从"磁性课堂""磁性探究""磁性之旅""磁性社团""磁性工坊""磁性科技节"六个方面进行实施设计，旨在践行"磁性科学"的课程理念。

## 一、夯实"磁性课堂"，营造学科学的氛围

"磁性课堂"是多彩有趣的学习过程。孩子们在课堂中不断发现问题，思考问题，寻找解决问题的方法并予以优化。因此，"磁性课堂"是多元、丰富、灵活的。

**（一）"磁性课堂"的要义与操作**

"磁性课堂"的课堂目标是多元的，学习内容是丰富的，学习方式是灵活的，孩子们在"做中学、学中乐、乐中创"的学习过程中提升核心素养。

（1）"磁性课堂"设定了多元的课堂目标。课堂目标不局限于对科学知识的掌握，还涉及科学态度、科学思维、科学探究、国家情怀等多个方面。

（2）"磁性课堂"的学习内容是丰富的。科学是严谨的，但又是丰富多彩的。"磁性课堂"课程内容以孩子们能够感知的物质科学、生命科学、地球与宇宙科学、技术与工程中一些比较直观、孩子们有兴趣参与学习的重要内容为主要载体，还为孩子们提供了无人机、3D打印等大量丰富而有趣的素材，创造更多自主学习的机会，使不同学习能力的孩子都能在"磁性课堂"上得到应有的发展。

（3）"磁性课堂"的学习方式是灵活的。在"磁性课堂"中，发散性思维和逻辑思维

---

① 中华人民共和国教育部.义务教育科学课程标准（2022年版）[S].北京：北京师范大学出版社，2022：4.

穿插其中。此时的课堂活泼生动而又不失缜密。"互联网＋"的学习方式更是使孩子们走出课室、走出校园,获取更多的科学知识和科学方法。

**(二)"磁性课堂"的评价要求**

多元化的评价途径有利于使教师更深入地理解"磁性课堂"的理念,提升教师的专业素养,丰富教师的课堂经验,完善课堂的构成要素,最终促进孩子们的发展。具体评价细则如表4-4所示:

表4-4 广州市黄埔区荔园小学"磁性课堂"教学评价表

| 授课教师 | | 上课时间 | | 班级 | | 评课教师 | |
|---|---|---|---|---|---|---|---|
| 课题 | | | | | | | |
| 类别 | 指标 | 优<br>完全达到<br>100分—<br>88分 | 良<br>基本达到<br>87分—<br>75分 | 合格<br>部分达到<br>74分—<br>60分 | | 不合格<br>少量达到<br>或未达到<br>小于60分 | |
| 课堂<br>目标 | 多元<br>(20分) | 1. 体现学科特点和学生接受能力,内容深浅适度,容量适中,针对性强,可达成度高。<br>2. 突出科学探究目标,注重培养学生动手、动脑、观察、实验等能力。<br>3. 面向全体学生,体现分层次教学思想,对不同层次的学生有不同的要求。 | | | | | |
| 教学<br>内容 | 丰富<br>(20分) | 1. 内容正确,容量适中,由浅入深。<br>2. 创造性地处理使用教材,引入的教学辅助材料恰到好处。 | | | | | |
| 教学<br>环节 | 顺畅<br>(20分) | 1. 教学环节紧凑,组织协调顺畅,问题与探究时间充足,学生思维活跃清晰。<br>2. 活动与过程符合学生的认知规律和知识的形成规律。<br>3. 既关注学生新的学习与感悟,又关注学生在实践应用方面的习得与成长。<br>4. 满足不同学生的发展需要,有利于目标的达成。 | | | | | |

| 类别 | 指标 | 优 | 良 | 合格 | 不合格 |
|------|------|-----|-----|------|--------|
| | | 完全达到 100 分— 88 分 | 基本达到 87 分— 75 分 | 部分达到 74 分— 60 分 | 少量达到 或未达到 小于 60 分 |
| 教学 过程 | 趣味 （20分） | 1. 设置的情境有利于唤起学生的生活经验,有利于学生主动开展科学探究活动。 2. 提供丰富的资源,满足学生多样化学习与探究和思考的需求;教学手段符合教学实际和需求;有效利用课堂生成资源。 3. 科学恰当地组织学生开展独立探究、小组合作与交流等活动,组织得当,引导与指导到位。 | | | |
| 学习 方式 | 灵活 （20分） | 学习方式灵活,形式多样,体现新的教学理念。学生通过自主、合作、展示、交流、探究等活动,主动获取知识、习得方法、形成技能。 | | | |
| 综合 评价 | | 精彩之处 | | 可改进 之处 | |

## 二、开展“磁性探究”,领略科学魅力

调查研究是“磁性探究”中一个常用的方法,是指通过考察了解客观情况,直接获取有关材料,并对这些材料进行分析的研究方法。它可以不受时间和空间的限制。通过问卷、访谈等方法了解调查对象的有关情况,加以分析来开展研究。

**(一)“磁性探究”的要义与操作**

“磁性探究”根据不同年级科学课程的教学内容、儿童的年龄特点,围绕“能源资源”“生态环境”“安全健康”“创新创意”四个领域分年级设定探究任务,以达到激发青少年科学兴趣、培养其科学探究能力和实践能力的目的。具体安排如表 4－5 所示:

表4-5　广州市黄埔区荔园小学"磁性探究"安排表

| 年级 | 专题 | 探究内容 |
|---|---|---|
| 一年级 | 交通安全伴我行 | 安全出行 |
| 二年级 | 做养绿护绿小能手 | 我们家乡的树木 |
| 三年级 | 我是小小设计师 | 寻找我最喜欢的设计 |
| 四年级 | 养成爱护眼睛好习惯 | 全班同学近视情况调查 |
| 五年级 | 饮料与健康 | 饮料的配方及营养成分 |
| 六年级 | 循环利用节约资源 | 我们身边带有循环利用标识的塑料制品 |

### (二)"磁性探究"的评价方法

"磁性探究"具有科学性、创新性和综合性的特点。整个活动过程包括知识学习、体验活动、调查活动、科学实验、拓展活动、数据上传、成果展示七个模块。根据各个模块的特点设计评价量表,如表4-6所示:

表4-6　广州市黄埔区荔园小学"磁性探究"评价量表

| 评价项目 | 评价内容 | 评价等级 | 成绩 |
|---|---|---|---|
| 知识学习 | 能主动地学习相关主题的知识。 | A. 完成<br>B. 未完成 | |
| 体验活动 | 能积极参与主题活动的体验。 | A. 完成<br>B. 未完成 | |
| 调查活动 | 能积极开展调查活动并做好相关的记录。 | A. 完成<br>B. 未完成 | |
| 科学实验 | 能主动完成主题活动中的相关科学实验。 | A. 完成<br>B. 未完成 | |
| 拓展活动 | 能积极完成主题活动中的拓展活动。 | A. 完成<br>B. 未完成 | |
| 数据上传 | 能向相关的主题网站提交自己的调查数据。 | A. 完成<br>B. 未完成 | |

| 评价项目 | 评价内容 | 评价等级 | 成绩 |
|---|---|---|---|
| 成果展示 | 活动结束后能把自己的调查过程以成果集的形式进行整理和提交。 | A. 完成<br>B. 未完成 | |
| 总评 | | | |

（备注：本评价量表达到4A以上的同学才具有学校"体验之星"的参评资格。）

## 三、开启"磁性之旅"，丰富校园生活

让学生走出校园，到社区到工厂到企业去接触身边的社会，"磁性之旅"可以培养孩子们永不满足、追求卓越的态度。在这一过程中，孩子们在教师指导下可以自主开展各种主题的研究。

### （一）"磁性之旅"的要义与操作

科学与我们的生活息息相关，走出校园，到科普基地、科普场馆、高新企业去进行研学旅行活动，可以让孩子们获取新的科学知识，拓宽他们的视野。具体安排如表4-7所示：

表4-7　广州市黄埔区荔园小学"磁性之旅"活动安排表

| 年级 | 地点 | 时间 | 内容 |
|---|---|---|---|
| 五年级 | 区内科普基地 | 五月 | 科普基地研学 |
| 四年级 | 广州市中小学生劳动技术学校 | 七月 | 科技夏令营 |
| 一至五年级 | 科普场馆 | 七至八月 | 科学调查体验活动 |
| 四年级 | 区内高新企业 | 九月 | 全国科普日研学活动 |

### （二）"磁性之旅"的评价标准

"磁性之旅"有利于促进孩子们对于书本知识和生活经验的深度融合，践行学思结合、知行统一理念，有利于探索科学课程的多元化教学方式，开阔学生视野。在实施过程中，孩子们应学会合作、交流与分享，并体验与他人、与社会的关系，锻炼良好的思想品格、责任感、沟通能力、合作精神及诚信态度。"磁性之旅"评价标准如表4-8所示：

表 4-8 广州市黄埔区荔园小学"磁性之旅"评价要求

| 项目 | 要 求 | 分值 | 备注 |
|---|---|---|---|
| 组织建设 | 活动有完善、高效的组织机构。 | 10 | |
| 管理体制 | 1. 外出活动有方案、申请,学校有批复、经费有备案。 | 10 | |
| | 2. 外出活动有辅导老师和热心于为学生提供服务的义工。 | 10 | |
| | 3. 外出活动有应急预案,能最大限度保障参与活动人员的人身和财产安全。 | 10 | |
| 活动开展 | 1. 老师精心选择研学地点,细致策划活动的开展。 | 10 | |
| | 2. 依据方案开展活动,有详细的活动内容、记录、图片、签到表等。 | 20 | |
| | 3. 活动具有创新性,能满足学生的兴趣发展需求,能重视发展学生的个性特长,重视培养学生的实践能力,深受学生喜爱。 | 20 | |
| | 4. 活动开展完后有展示活动。 | 10 | |
| 备注 | | | |

## 四、设立"磁性社团",领略科学魅力

社团活动是学校实施素质教育的载体,是实现学校办学目标的重要手段,是促进孩子们全面发展的具体抓手。社团活动可以拓宽孩子们的视野,激发孩子们的学习兴趣、促进孩子们个性特长的发展。

**(一)"磁性社团"的要义与操作**

"磁性社团"给孩子们搭建了一个展示自己的平台,满足了他们对科学知识的高度热情,激发了孩子们学科学、爱科学、用科学的热情。在社团的设置上,我们做到了普及与提高齐抓,不仅有学科课程延伸的项目,还有专项提升的项目。

(1)机器人社团。机器人是集工程学、机电、物理、数字动力、电脑编程于一体的智能机器。开展机器人活动可以培养孩子们的创新性思维、动手能力、工程设计等综合能力。荔园小学机器人社团成立于 2014 年,在这里学生将在专家的指导下,跟随科学老师,在机器人的世界里学习最新的技术、开阔视野和展示自己的创新成果。

(2)3D 打印社团。3D 打印技术是备受瞩目的新兴技术。荔园小学 3D 打印社团成立于 2015 年。在这里学生将在专家的指导下,跟随科学老师,把自己的奇思妙想通

过 3D 打印技术实现出来。

（3）小小科学家社团。小小科学家社团成立于 2014 年。社团活动涉及生物、化学、物理。在这里学生将快乐轻松地经历探究自然奥秘的过程，在观察、提问、设想、动手实验、表达、交流的探究活动中，体验科学探究的过程和参与相关的比赛。

（4）捕星达人社团。捕星达人社团是一个知识与技能相结合、课内与课外相结合的社团，成立于 2014 年。在这里学生将在天文专家的引领下，跟随科学老师获得系统的天文知识、观测知识，还可以参加精彩的外观活动，实现学生仰望星空的梦想。

（5）幻海星空社团。科幻画是科技与艺术的完美结合，是引导孩子们学习科学、热爱科学、培养创新思维的有效途径。荔园小学的科幻画成绩优异，获得多个省市乃至全国的奖项。荔园小学幻海星空社团成立于 2014 年，在这里学生将在专家的指导下，跟随科学老师，在幻海星空中尽情遨游！

（6）建筑达人社团。建筑达人社团成立于 2005 年。建筑模型是将建筑设计、室内设计、景观设计等理念付诸实践的桥梁，它体现了人们对空间与建筑及平面与立体之间的感受，突破了传统二维表现的局限性。在这里学生将在专家的引领下，跟随科学老师学习建筑模型设计制作知识，实现成为建筑师的梦想。

"磁性社团"的实施做到"三有"，即有固定的场地、时间和负责老师，具体安排如表4-9 所示：

表 4-9　广州市黄埔区荔园小学"磁性社团"安排表

| 时间 | 地点 | 对象 | 社团名称 | 负责老师 |
| --- | --- | --- | --- | --- |
| 周五下午 | 机器人室 | 一至五年级 | 机器人 | 林林坚 |
| 周五下午 | 信息技术室 | 四至五年级 | 3D 打印 | 王丽彦 |
| 周五下午 | 科学实验室 | 一至三年级 | 小小科学家 | 陈海涛 |
| 周五下午 | 四年级(1)班课室 | 四至五年级 | 捕星达人 | 林桂凤 |
| 周五下午 | 美术室 | 四至六年级 | 幻海星空 | 张益平 |
| 周五下午 | 建模室 | 四至六年级 | 建筑达人 | 林琼 |

## (二)"磁性社团"评价方法

"磁性社团"活动激发了孩子们学习科学的兴趣,为孩子们搭建了展示的平台。对社团开展评价是为了推进学生社团的发展,调动教师的积极性。结合我校实际和学科特点,制定具体评价细则如表4-10所示:

表4-10 广州市黄埔区荔园小学"磁性社团"的评价标准表

| 评价项目 | 评价标准 | 评价等级 | 评价 |
|---|---|---|---|
| 过程评价 | 有管理制度和活动计划。 | A. 有<br>B. 无 | |
| | 活动主题、内容、形式有创新。 | A. 有<br>B. 无 | |
| | 活动组织井然有序,学习氛围浓厚。 | A. 好<br>B. 一般 | |
| | 社团名册及活动过程记录翔实。 | A. 有<br>B. 无 | |
| | 活动照片及学生作品保存完整。 | A. 有<br>B. 无 | |
| | 教师的指导有针对性。 | A. 有<br>B. 无 | |
| | 每次活动结束后都有相应的总结、反馈、评价。 | A. 有<br>B. 无 | |
| 成果展示 | 展示形式丰富新颖。 | A. 丰富新颖<br>B. 单一 | |
| | 内容符合社团特点、全面完整。 | A. 符合、全面<br>B. 不符合、不全面 | |
| | 活动小组分工合作有序。 | A. 有序<br>B. 无序 | |

(备注:本评价量表达到5A以上的社团才具有学校"优秀社团"的参评资格。)

## 五、开设"磁性工坊",提升动手能力

工坊本意为工作的场所,有小巧精致之意,富含文化意味。"磁性工坊"可以提升孩子们的动手能力,激发他们的创新思维,种下"工匠精神"的种子,感受做"创客"的快乐。

**(一)"磁性工坊"的要义与操作**

荔园小学"磁性工坊"以创客教育为基础,对科学技术、工程艺术、数学创新进行融合。在活动中渗透中国传统文化工艺和现代创客教育理念。主要活动设计如下:

(1)花窗设计活动。在中高年段开设花窗主题活动,孩子们设计与花窗有关的作品,并进行全校展示。

(2)"变废为宝"创展。鼓励孩子们把家里的废弃物品、旧玩具进行改造,变废为宝,设计成一些常用的物品、装饰品。既美化了环境,又为日常生活提供了便利,同时培养孩子们的创新意识和应用意识。"变废为宝"创展于每年9月举行。

**(二)"磁性工坊"的评价方法**

根据"磁性工坊"活动内容,我们制定了学生作品评价表,如表4-11所示:

表4-11 广州市黄埔区荔园小学"磁性工坊"学生作品评价表

| 作者姓名 | 作品名称 | 科技元素(25分) | 创意元素(25分) | 环保元素(25分) | 难易程度(25分) | 总分(100分) |
|---|---|---|---|---|---|---|
|  |  |  |  |  |  |  |
|  |  |  |  |  |  |  |
|  |  |  |  |  |  |  |

## 六、依托"磁性科技节",凸显学校特色

"磁性科技节"可以检验科学课程的学习成果、构建丰富多彩的校园文化,凸显学校特色,激发全校学生爱科学、学科学、用科学的兴趣。

### (一)"磁性科技节"要义与操作

科学技术是人类智慧的结晶,也是人类认识世界、改造世界的有力武器。校园科技节是检验科学课程学习效果的平台,也是孩子们学以致用的平台。"磁性科技节"在内容设计上不是固定不变的,而是与课本相结合,与先进的科学技术相结合。每一届都先制定方案,拟定活动内容、实施计划、评价方法等,再由学校领导和家长委员会审议通过。主要活动设计如下:

(1)科技嘉年华。全校学生参加,以摊位游戏的形式开展活动,让孩子们在学习科普知识的同时获得小奖品。

(2)科技幻想画比赛。全校学生参加,以"体验创新,快乐成长"为主题,围绕人工智能、环境保护等主题进行创作,绘画形式不限,统一使用8开美术纸。评选出的优秀作品参加全校展览。

(3)读一本环保科普读物。全校学生参加,其中一、二年级做读书卡,三、四年级写读后感,五年级做环保低碳电子报,需彩色打印。

(4)"小科学家"比赛。全校学生参加,分科学小论文、小发明、创意制作三大类。

(5)"小建筑师"比赛。全体学生参加,分个人赛、团体赛和亲子赛三大类。

### (二)"磁性科技节"的评价方法

"磁性科技节"的活动设置要符合儿童的年龄特征,从而真正促进孩子们的发展。评价方法如表4-12所示:

表4-12 广州市黄埔区荔园小学"磁性科技节"评价表

| 评价项目 | 评价标准 | 评价等级 | 评价 |
|---|---|---|---|
| 活动内容 | 难易适度,符合学生的年龄特点 | A. 符合　B. 不符合 | |
| | 有趣味性,能提高学生兴趣 | A. 有趣　B. 比较有趣 | |
| | 有创新,能激发学生的好奇心 | A. 有创意　B. 比较有创意 | |
| 活动形式 | 形式新颖,多样 | A. 新颖　B. 比较新颖 | |
| | 根据不同年龄设置 | A. 符合学生年龄特点<br>B. 比较符合学生年龄特点 | |
| | 学生参与度高 | A. 学生参与度高<br>B. 学生参与度一般 | |

(备注:本评价量表达到5A以上的活动项目,才可以在下一年的科技节继续开展。)

综上所述，"磁性科学"课程通过"磁性课堂""磁性探究""磁性之旅""磁性社团""磁性工坊""磁性科技节"践行"磁性科学"这一学科理念。该课程有趣、多元、融合，不仅较好地达成了课程目标，更丰富了课程内容的开发与实施，拓宽了学生的视野，提升了学生的思维，有利于学生核心素养的发展，使每个学生像科学家一样做研究，像设计师一样做设计，像工程师一样解决问题。

（撰稿者：陈海涛　林　琼）

# 第五章
# 逻辑聚合性与活力体育

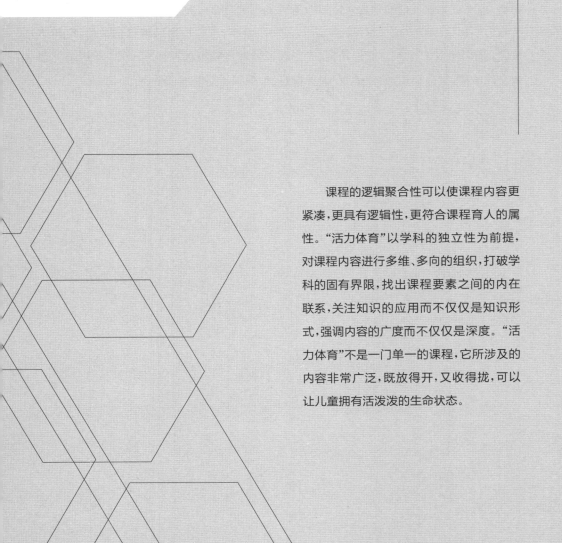

　　课程的逻辑聚合性可以使课程内容更紧凑，更具有逻辑性，更符合课程育人的属性。"活力体育"以学科的独立性为前提，对课程内容进行多维、多向的组织，打破学科的固有界限，找出课程要素之间的内在联系，关注知识的应用而不仅仅是知识形式，强调内容的广度而不仅仅是深度。"活力体育"不是一门单一的课程，它所涉及的内容非常广泛，既放得开，又收得拢，可以让儿童拥有活泼泼的生命状态。

广州市黄埔区荔园小学体育科组共有 4 名教师,其中小学高级教师 2 人,研究生学历 1 人,师资结构合理,既有经验丰富的老教师,又有年轻有拼劲的青年教师。体育教师们不仅有扎实的学科专业知识,丰富的课堂教学经验,先进的教学理念,较强的科研能力,而且通过自己的独特人格魅力赢得了儿童们的喜爱。自 2013 年起,学校先后被评为广州市体育传统项目(游泳、击剑、篮球)学校、全国校园篮球特色学校、广州市校园足球项目推广学校。我们根据《义务教育体育与健康课程标准(2022 年版)》等政策文件精神,推进我校"活力体育"课程群建设,取得了显著的成效。

# 第一节　激发活力，感受体育魅力

《义务教育体育与健康课程标准（2022年版）》明确指出：义务教育体育与健康课程以身体练习为主要手段，以体育与健康知识、技能和方法为主要学习内容，以发展学生核心素养和增进学生身心健康为主要目的，具有基础性、健身性、实践性和综合性等特点，是学校教育的重要组成部分，对促进学生德智体美劳全面发展具有非常重要的价值。[①] 由此可见，体育与健康课程在学校课程体系中占据着重要的地位。而在2007年第七届全国大学生运动会开幕式上，时任教育部部长周济代表教育部向全国的广大青少年学生提出"每天锻炼一小时，健康工作50年，幸福生活一辈子"的口号，充分说明了国家对于青少年体质健康非常重视，而体育与健康课程作为提升青少年体质健康的重要载体，任重而道远。荔园小学在《义务教育体育与健康课程标准（2022年版）》等政策文件精神的指导下，提出了"活力体育"的课程哲学，本节将从课程的性质、价值、理念进行说明，有助于教师更好地理解"活力体育"课程，为儿童提供更高质量的体育教学。

## 一、课程性质

体育与健康教育是实现儿童青少年全面发展的重要途径，对于促进学生积极参与体育运动、养成健康生活方式、健全人格品质，提升国民综合素质，推动社会文明进步，建设健康中国和体育强国，实现中华民族伟大复兴具有重要的现实和长远意义。

"活力体育"是我校课程的重要组成部分。本课程是以身体练习为主要手段，以学习体育与健康知识、技能和方法为主要内容，以增进儿童健康，培养儿童终身体育意识和能力为主要目标的课程，它具有以下特性：

基础性——课程强调培养儿童掌握必要的体育与健康知识、技能和方法，养成体育锻炼习惯和健康的生活习惯，为儿童终身体育学习和健康生活奠定良好的基础。

---

① 中华人民共和国教育部.义务教育体育与健康课程标准（2022年版）[S].北京：北京师范大学出版社，2022：11.

健身性——课程强调在学习体育与健康知识、技能和方法的过程中,通过适宜负荷的身体练习,提高体能和运动技能水平,促进儿童健康成长。

实践性——课程强调以身体练习为主要手段,通过体育与健康学习、体育锻炼以及行为养成,提高儿童的体育与健康实践能力。

综合性——课程强调充分发挥体育的育人功能,强调以体育与健康学习为主,渗透德育教育,同时融合部分健康行为与生活方式、生长发育与青春期保健、心理健康与社会适应、疾病预防、安全应急与避险等方面的知识和技能,整合并体现课程目标、课程内容、过程与方法等多种价值。

## 二、课程价值

"活力体育"课程作为一门以促进儿童健康成长为主要目的的课程,它的价值不是单一的,而是多方面的,它能有效地促进儿童身体的正常发育和身体健康水平的提高。在教师的指导下参加体育活动,儿童能够提高对身体和健康的认识,增强自我保健意识,掌握有关身体健康的知识和科学健身方法,逐渐养成健康的行为习惯和良好的生活方式。

"活力体育"课程学习的过程是一个不断面对挫折和克服困难的过程,是一个不断超越自我的过程,是一个不断互相评价和自我评价的过程。这个过程能提高儿童的抗挫折能力和情绪调节能力,能使其不断地体验到进步或成功的喜悦,能不断地体验各种复杂的情感,从而增强自尊心和自信心,培养坚强的意志品质,培养创新精神和创新能力,形成积极向上、乐观开朗的生活态度。

通过"活力体育"课程的学习,能增强儿童的社会适应能力。在学习过程中,儿童逐步理解和习惯一定的社会规范,学会规范约束和调整自己的行为,建立起对自我、群体和社会的责任感,学会尊重和关心他人,形成现代社会所必需的合作与竞争意识,培养良好的体育道德和团队精神。

"活力体育"课程的学习能够让儿童获得体育与健康知识和技能。"活力体育"课程是一种技能性的课程,它的许多内容是不能够或不完全能够通过语言或其他符号系统传授学习的。体育知识是一种操作性和技能性知识,儿童的学习包括技能性知识和认知性知识的学习,是通过运动实践来实现的。

## 三、学科课程理念

"活力体育"致力于构建开放、高效而富有活力的体育课堂。如何激活体育课堂，拨动儿童的心弦，焕发体育教学的生命力，彰显体育课堂特有的魅力，应是每位体育教师孜孜以求的育人境界。体育课堂教学中的"活"不是肤浅无序的热闹，不是无端随意的玩闹，不是单一的一学一练，更不是缺少体育味的平淡、无力的热闹，而应是师生在诗意般教学境界中的徜徉，教师引领儿童，儿童反推教师；教师得心应手，儿童如沐春风。师生保持开放的心态、积极向上的状态，双方其乐融融，呈现出蓬勃的生命活力。

"活力体育"是内容丰富的课程。体育课程不是一门单一的课程，它所涉及的内容非常广泛，每一项运动的发展历程也各不相同，从远古时代狩猎到军事需要再到现代的休闲娱乐，每一项运动的发展历程都是一门丰富的课程。

"活力体育"是生动有趣的课程。新课程标准提倡课堂教学收放结合，既要放得开，又要收得拢。一堂体育课犹如一支乐曲，有快有慢，有张有弛，有起有伏，其节奏的变化完全依靠教师调控，它既包括教学内容之间的承前启后，更包括练习密度与强度的安排。我们所面对的是一个个灵动的儿童，因此这是一个动态创造的过程。采用情景教学法能使教学过程更加活跃。

"活力体育"是充满激情的课程。体育课程应该是一门充满激情的课程，它要求参与者既要有一定的运动技术基础，又要有敢于拼搏的精神，还要有吃苦耐劳的意志品质和对获得胜利的渴望和信心。"活力体育"课程正是基于培养儿童这方面的能力来进行设计和实施的。

总之，"活力体育"是一门充满活力的课程，而不是枯燥乏味的课程，它的"活"可以让儿童拥有活泼泼的生命状态！

# 第二节　焕发生命，拥有强健体魄

## 一、学科课程核心素养内涵和总目标

体育与健康课程围绕核心素养，体现课程性质，反映课程理念，确立了课程目标。

### （一）核心素养内涵

体育与健康课程要培养的核心素养，主要是指学生通过体育与健康课程学习而逐步形成的正确价值观、必备品格和关键能力，包括运动能力、健康行为和体育品德等方面。

1. 运动能力

运动能力是指学生在参与体育运动过程中所表现出来的综合能力。运动能力包括体能状况、运动认知与技战术运用、体育展示或比赛三个维度，主要体现在基本运动技能、体能、专项运动技能的掌握与运用。

2. 健康行为

健康行为是指学生增进身心健康和积极适应外部环境的综合表现。健康行为包括体育锻炼意识与习惯、健康知识与技能的掌握和运用、情绪调控、环境适应四个维度，主要体现在养成良好的锻炼、饮食、用眼、作息和卫生习惯，树立安全意识，控制体重，远离不良嗜好，预防运动损伤和疾病，消除运动疲劳，保持良好心态，适应自然和社会环境等。

3. 体育品德

体育品德是指学生在体育运动中应当遵循的行为规范和体育伦理，以及形成的价值追求和精神风貌。体育品德包括体育精神、体育道德和体育品格三个维度。体育精神主要体现在积极进取、勇敢顽强、不怕困难、坚持到底、团队精神等；体育道德主要体现在遵守规则、尊重裁判、尊重对手、诚信自律、公平竞争等；体育品格主要体现在自尊自信、文明礼貌、责任意识、正确的胜负观等。

核心素养的上述三个方面密切联系，相互影响，在体育与健康教育教学过程中得以全面发展，并在解决复杂环境中的实际问题过程中整体发挥作用。

（二）总目标

1. 掌握与运用体能和运动技能，提高运动能力

通过体育与健康课程的学习，学生能享受运动乐趣，掌握各种体能的学练方法，积极参与各种体能练习，达到《国家学生体质健康标准（2014年修订）》的相应要求，改善体形，保持良好的身体姿态；在学练多种运动项目技战术和参与展示或比赛的基础上掌握1～2项运动技能；认识体能和运动技能发展的重要性，掌握所学运动项目的基础知识和基本原理，了解并运用所学运动项目的规则；经常观看体育比赛，并能简要分析体育比赛中的现象与问题；形成积极的体育态度，提高分析问题和解决问题的能力。

2. 学会运用健康与安全的知识和技能，形成健康的生活方式

通过体育与健康课程的学习，学生能理解体育锻炼对健康的重要性，积极参加校内外体育锻炼，逐步形成体育锻炼意识和习惯；掌握个人卫生保健、营养膳食、青春期生长发育、常见疾病和运动伤病预防、安全避险等知识与方法，并运用在学习和生活中；了解和体验体育活动对心理健康的积极影响，学会调控自己的情绪，积极应对挫折和失败，保持良好的心态；主动同他人交流与合作，知道在不同环境下进行体育锻炼的方法和注意事项，逐步适应自然环境和社会环境。

3. 积极参与体育活动，养成良好的体育品德

通过体育与健康课程的学习，学生能理解参与体育学练、展示或比赛对个人品德塑造的重要性；积极参与体育活动，在遇到困难或挑战自身身体极限且保证安全的情况下能克服困难、坚持到底，与同伴一起顽强拼搏；遵守体育游戏、展示或比赛规则，相互尊重，诚实守信，具有公平竞争的意识和行为；充满自信，乐于助人，表现出良好的精神风貌，承担不同角色并认真履行职责，正确对待成败；能将体育运动中养成的良好体育品德迁移到日常学习和生活中。

# 二、学科课程共同目标

根据《义务教育体育与健康课程标准（2022年版）》关于各水平教学目标的要求，"活力体育"课程设置了各年级的共同教学目标，具体如表5-1所示：

表 5-1　广州市黄埔区荔园小学体育与健康学科课程共同教学目标

| 课程总目标 | 水平一 | 水平二 | 水平三 |
|---|---|---|---|
| 掌握与运用体能和运动技能,提高运动能力。 | 1. 积极参与各种体育游戏,感受体育活动的乐趣。<br>2. 学练和体验移动性技能、非移动性技能、操控性技能等基本运动技能。 | 1. 积极参与多种运动项目游戏,感受运动乐趣。<br>2. 学练体能和多种运动项目的知识与技能,能进行体育展示或比赛。<br>3. 能运用所学知识观看体育展示或比赛。 | 1. 积极参与运动项目学练,产生运动兴趣。<br>2. 体能水平显著提高;掌握运动项目的基本知识,学练运动项目的技战术,并能在体育展示或比赛中运用。<br>3. 能运用比赛规则参与裁判工作,观看体育比赛并能进行简要评价。 |
| 学会运用健康与安全的知识和技能,形成健康的生活方式。 | 1. 感受体育锻炼对健康的重要性,参与校内外体育活动。<br>2. 知道个人卫生保健、营养膳食、安全避险等健康知识和方法,并将其运用于日常生活中。<br>3. 活泼开朗,体验快乐。<br>4. 乐于与他人交往,适应自然环境。 | 1. 了解体育锻炼对健康的重要性,积极参与校内外体育活动。<br>2. 了解个人卫生保健、营养膳食、青春期生长发育、运动伤病、安全避险等健康知识和方法,并将其运用于日常生活中。<br>3. 关注自己情绪的变化。<br>4. 积极与他人沟通和交流,适应自然环境的变化。 | 1. 理解体育锻炼对健康的重要性,主动参与校内外体育锻炼。<br>2. 将健康与安全知识和技能运用于日常生活中。<br>3. 遭受挫折和失败时保持情绪稳定。<br>4. 提升交往与合作能力,增强适应自然环境的能力。 |
| 积极参与体育活动,养成良好的体育品德。 | 1. 在体育活动中表现出不怕困难、努力坚持学练的意志品质。<br>2. 能按照要求参与体育游戏。<br>3. 在体育活动中尊重教师、爱护同学,能扮演不同的运动角色。 | 1. 在有一定难度的体育活动中表现出勇敢顽强、克服困难的意志品质。<br>2. 能按照规则和要求参与体育活动。<br>3. 在体育活动中表现出文明礼貌、乐于助人的行为。 | 1. 在有挑战性的体育活动中能迎难而上,表现出自信和抗挫折能力。<br>2. 遵守各种规范和规则,尊重裁判,尊重对手,表现出公平竞争的意识。<br>3. 具有团队精神和集体意识,能接受比赛结果。 |

## 三、单元教学目标

根据《义务教育体育与健康课程标准（2022年版）》关于各水平教学内容以及教学目标的指引，"活动体育"课程设计了各年级的单元教学目标，具体如表5-2所示：

表5-2　广州市黄埔区荔园小学体育与健康单元教学目标

| 单元<br>年级 | 第一单元 | 第二单元 | 第三单元 | 第四单元 | 第五单元 |
|---|---|---|---|---|---|
| 一年级<br>上学期 | 初步认知队形队列及各种体操的作用，掌握队形队列及各种体操的动作技术，养成良好的身体姿态。 | 初步认知街舞运动，通过练习初步掌握一些简单的街舞动作，养成敢于挑战和敢于展示自己的精神。 | 初步认知和掌握双脚并脚跳绳的技术动作，养成与同伴合作从而共同提高的集体精神。 | 初步认知站立式起跑和快速跑的技术动作，通过练习能熟练掌握并运用，养成主动练习、敢于挑战的精神。 | 通过讲座，初步了解良好的运动习惯和一些注意事项，并将学习到的知识运用到平时运动中去。 |
| 一年级<br>下学期 | 通过练习，巩固提高街舞运动的基本动作，能够根据音乐特点自编简单的舞蹈，养成敢于展示和挑战的精神。 | 初步认知篮球单手拍球和双手胸前投篮的技术动作，通过练习能熟练掌握这两项技术，养成相互帮助、团队合作的精神。 | 初步认知跳跃，了解各种跳跃的方法，发展腿部力量及跳跃能力，养成积极练习、主动帮助同伴的合作精神。 | 初步认知横叉、纵叉的技术动作，通过练习锻炼身体的柔韧性，养成不怕困难的挑战精神。 | 初步认知单脚交替跳绳的技术动作，通过练习能熟练掌握这一项技术，养成不断挑战、敢于挑战的精神。 |
| 二年级<br>上学期 | 初步认识足球运动的特点，学习一些简单的足球技术，如运球、传接球等，养成热爱运动的习惯。 | 初步学习坐位体前屈、各种滚动的技术动作，锻炼身体柔韧性以及控制身体的能力。 | 初步学习篮球行进间运球的技术，通过练习提高控球能力，养成热爱篮球运动的习惯。 | 通过练习提高对队形队列的认识，养成良好的身体姿态，培养听从指挥的思想精神。 | 初步认识单脚跳绳的动作技术，通过练习能熟练掌握这一技术，锻炼身体协调能力。 |

| 单元 年级 | 第一单元 | 第二单元 | 第三单元 | 第四单元 | 第五单元 |
|---|---|---|---|---|---|
| 二年级下学期 | 通过练习巩固提高足球的基础动作，学习脚背外侧运球、脚内侧射门技术，培养对足球运动的兴趣。 | 初步学习前滚翻的动作技术，通过练习培养敢于尝试、敢于挑战的精神。 | 初步学习持轻物掷远和立定跳远的动作技术，通过练习锻炼上肢力量和弹跳力。 | 通过练习巩固提高双脚并脚跳绳的动作技术，在此基础上加快跳绳速度，锻炼脚踝力量和吃苦耐劳的精神。 | 初步学习篮球双手胸前击地传接球动作技术，通过各种练习锻炼身体协调发力的能力。 |
| 三年级上学期 | 初步认知和学习齐步走、分队、合队等队形队列动作技术，通过练习养成良好的身体姿态，养成以团队为主的团队协作精神。 | 通过练习巩固提高篮球原地运球的技术，初步学习快速运球和体前变向运球的动作技术，通过各种练习锻炼快速跑和身体的协调性。 | 初步学习原地侧向投掷垒球的技术，通过练习能熟练掌握这一项技能，锻炼身体协调发力的能力和上肢力量。 | 初步认知和学习后滚翻和仰卧起坐的动作技术，通过练习锻炼腰腹力量，养成敢于挑战的精神。 | 通过运动损伤的预防知识讲座，知道如何在运动时预防损伤，养成良好的运动习惯。 |
| 三年级下学期 | 初步认知和学习仰卧推起成桥的动作技术，通过练习锻炼腰腹力量，养成不怕困难、敢于尝试的精神。 | 通过练习巩固提高脚内侧踢地滚球的动作技术，锻炼身体协调性，提高足球技术水平。 | 通过障碍跑练习，锻炼在各种情境中运用各项运动技术的能力，学会与同伴协作、相互鼓励的精神。 | 初步认知和学习花样跳绳的技术动作，通过练习，锻炼合作学习自主创新的精神。 | 通过学习行进间胸前击地传接球，巩固提高传接球的能力，在此基础上养成相互鼓励、相互提高的精神。 |
| 四年级上学期 | 通过练习提高持轻物投掷的动作技术，提高投准的能力，在练习过程中学会思考，寻找如何投得更准的方法。 | 初步认知和学习肩肘倒立的动作技术，通过练习锻炼腰腹力量，学会互帮互助、团结协作的团队精神。 | 通过学习耐力跑，提高心肺功能与呼吸系统的功能，在练习过程中学会坚持，学会克服困难的精神。 | 初步认知和学习篮球三步上篮的动作技术，通过练习能较好地掌握这一动作技术，提高篮球运动的技术水平。 | 通过学习运动营养配方的知识讲座，学会合理安排饮食，注意各种营养的搭配，促进身体健康。 |

| 单元<br>年级 | 第一单元 | 第二单元 | 第三单元 | 第四单元 | 第五单元 |
|---|---|---|---|---|---|
| 四年级<br>下学期 | 初步认知和学习蹲踞式起跑的技术动作，通过练习能熟练掌握这一技术动作，提高反应能力。 | 通过练习，提高快速奔跑的能力，学会以正确的身体姿势完成快速跑，学会相互学习、相互竞争的体育精神。 | 初步认知和学习蛙泳的技术动作，通过各种练习克服自身对水的恐惧，知道在水中如何呼救与自救。 | 初步认知和学习跳长绳的技术动作，通过练习能够与同伴愉快地跳长绳，学会与同伴合作。 | 通过练习，巩固提高行进间换手运球的技术，提高篮球运动技术水平，能够在实际情境中合理运用这一项技术。 |
| 五年级<br>上学期 | 通过练习，提高耐力跑的动作技术水平，锻炼心肺功能和呼吸系统，学会坚持不懈、不轻言放弃的体育精神。 | 通过耐力跳绳的练习，提高跳绳的技术水平，同时锻炼脚踝力量，提高耐力水平。 | 初步认知和学习跨越式跳高的技术动作，通过练习能够较好地掌握这一动作技术，养成敢于尝试、敢于挑战的精神。 | 初步认知和学习跪跳起的动作技术，通过练习能够较好地掌握这一项技术，锻炼腰腹和下肢力量。 | 通过运动卫生健康的知识讲座，知道如何养成良好的运动卫生习惯，保持良好的身体健康水平。 |
| 五年级<br>下学期 | 初步认知和学习篮球单手肩上投篮的技术动作，通过练习能够较好地掌握这一项技术，提高投篮水平。 | 通过练习，提高快速跑的能力，提高快速折返跑的能力，培养竞争意识和奋发向上的精神。 | 初步认知和学习蹲踞式跳远的技术动作，通过练习能较熟练地掌握这一项技术，同时提高单脚弹跳的能力。 | 通过体能课的练习，提高各项身体素质，例如力量、弹跳、柔韧、平衡、速度等。 | 通过学习巩固提高运球及射门技术，提高各项技术在实际情景中的合理运用能力。 |
| 六年级<br>上学期 | 通过练习巩固提高花样跳绳的动作技术，在练习中学会自主创新、敢于尝试的学习精神。 | 通过练习，进一步提高耐力跑的水平，在练习中磨炼不轻言放弃的体育精神。 | 通过练习，进一步提高足球运动的技术水平，通过组合练习，在实际情景中运用传接球与射门的技术。 | 通过练习，进一步提高篮球运动的技术水平，通过组合练习，在实际情景中运用传接球与投篮的技术。 | 通过运动小知识讲座的学习，懂得在运动时的一些注意事项，学会快乐运动、健康运动的生活方式。 |

| 单元<br>年级 | 第一单元 | 第二单元 | 第三单元 | 第四单元 | 第五单元 |
|---|---|---|---|---|---|
| 六年级<br>下学期 | 通过练习耐力跳绳，提升耐力水平，在练习中锻炼意志力，学会坚持。 | 通过练习，提高篮球投篮的技术与准度，能与同伴愉快地进行投篮游戏，提高竞争意识。 | 通过练习，提升身体素质中的力量、速度、弹跳能力，达到增强体质、增进健康的目的。 | 通过练习足球运动的局部战术配合，提高足球运动的战术意识，能与同伴进行比赛。 | 通过耐力跑的练习，提高心肺功能，提高耐力水平，同时学会坚持不懈、不轻言放弃的体育精神。 |

俗话说：身体是革命的本钱。"活力体育"的课程目标正是为了用活力滋润儿童的童年，使其拥有健康的精神、强健的体魄来面对学习与生活。

# 第三节  绽放光彩，构建精彩课程

## 一、学科课程设置

我校严格按照国家课程标准开足开齐开好课程，依据《义务教育体育与健康课程标准（2022）》要求，在此基础上结合我校"童心教育"之哲学和学校实际情况延伸出了"活力体育"学科课程群，内容包括球类、体操、田径、街舞、跳绳、游泳、武术、知识讲座八大类，具体设置如图5-1所示：

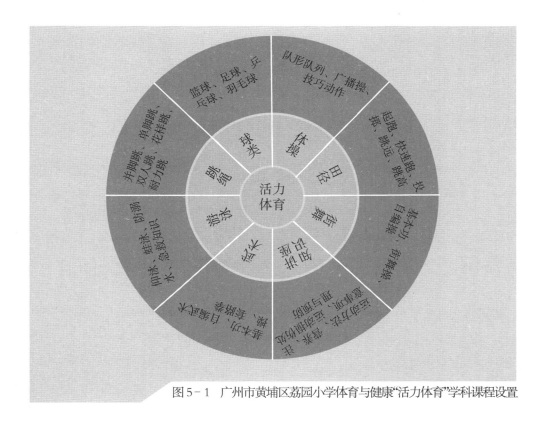

图5-1  广州市黄埔区荔园小学体育与健康"活力体育"学科课程设置

## 二、学科课程内容

"活力体育"课程根据《义务教育体育与健康课程标准（2022 年版）》关于各水平教学内容的指引，设计了一至六年级的必修课教学内容以及社团节日类课程，具体如表 5－3 和表 5－4 所示：

表 5－3　广州市黄埔区荔园小学体育与健康必修课课程内容

| 年级 | 学期 | 课程内容 |
|---|---|---|
| 一年级 | 上学期 | 1. 队形队列、功夫操、体能操<br>2. 街舞基本功、街舞操（生长吧）<br>3. 跳绳跳短绳（并脚跳）<br>4. 站立式起跑、快速跑<br>5. 讲座：运动习惯与注意事项 |
| 一年级 | 下学期 | 1. 街舞基本功、街舞操（大时代）<br>2. 篮球：原地单手拍球、双手胸前投篮<br>3. 各种方式跳、快速跑<br>4. 横叉、纵叉<br>5. 跳短绳（单脚交替跳） |
| 二年级 | 上学期 | 1. 足球：球性练习、脚背正面运球、脚底传接球<br>2. 坐位体前屈、各种方式滚动<br>3. 篮球：行进间运球<br>4. 队形队列：踏步前进、三面转法<br>5. 单脚交替跳绳<br>6. 讲座：如何养成良好的运动习惯 |
| 二年级 | 下学期 | 1. 足球：球性练习、脚背外侧运球、脚内侧射门<br>2. 前滚翻<br>3. 持轻物投掷（投远）、立定跳远<br>4. 快速跳绳（双脚跳）<br>5. 篮球：原地双手胸前击地传接球 |

| 年级 | 学期 | 课程内容 |
|------|------|----------|
| 三年级 | 上学期 | 1. 队形队列:齐步走、分队、合队<br>2. 篮球:快速运球、防守基本动作<br>3. 原地侧身投掷垒球<br>4. 后滚翻、仰卧起坐<br>5. 讲座:运动损伤的预防 |
| | 下学期 | 1. 仰卧推起成桥<br>2. 足球:脚内侧踢接地滚球<br>3. 障碍跑<br>4. 花样跳绳<br>5. 篮球:行进间击地传接球 |
| 四年级 | 上学期 | 1. 持轻物投掷(投准)<br>2. 肩肘倒立<br>3. 耐力跑<br>4. 篮球:三步上篮<br>5. 讲座:运动营养配方 |
| | 下学期 | 1. 蹲踞式起跑<br>2. 快速跑<br>3. 游泳(蛙泳)<br>4. 跳长绳<br>5. 篮球:行进间换手运球与上篮 |
| 五年级 | 上学期 | 1. 耐力跑(400 米)<br>2. 耐力跳绳(并脚跳)<br>3. 跨越式跳高<br>4. 体操:跪跳起<br>5. 讲座:运动卫生健康 |
| | 下学期 | 1. 篮球:单手肩上投篮<br>2. 快速跑(25 米折返跑)<br>3. 蹲踞式跳远<br>4. 体能课<br>5. 足球:运球＋射门 |

| 年级 | 学期 | 课程内容 |
|------|------|---------|
| 六年级 | 上学期 | 1. 花样跳绳<br>2. 耐力跑(50 米×8 往返跑)<br>3. 足球:传接球与射门<br>4. 篮球:行进间传接球与投篮<br>5. 讲座:运动小知识 |
| | 下学期 | 1. 耐力跳绳(2 分钟)<br>2. 篮球:定点投篮<br>3. 素质练习(力量、速度、弹跳)<br>4. 足球:局部战术配合<br>5. 耐力跑(600—800 米) |

表 5-4 广州市黄埔区荔园小学体育与健康社团、节日类课程内容

| 社团类课程 | | 节日类课程 | |
|-----------|----|----|------|
| 课程名称 | 教学内容 | 时间 | 节日类型 |
| 篮球社团 | 篮球基本功、战术素养教学与训练比赛 | 四月 | 队形队列广播操比赛 |
| 足球社团 | 足球基本功、战术素养教学与训练比赛 | 五月 | 班级篮球赛 |
| 街舞社团 | 街舞基本功教学与训练比赛 | 六月 | 班级足球赛、游泳比赛 |
| 击剑社团 | 击剑基本功、战术素养教学与训练比赛 | 十月 | 趣味体育嘉年华 |
| 游泳社团 | 游泳基本功教学与训练比赛 | 十一月 | 大型综合运动会 |

总之,"活力体育"课程的内容设计是为了丰富儿童的"活力"之旅,让他们在这趟"活力"之旅中能够学习到各种各样的体育知识与技能,体验体育运动的魅力,从而喜欢上体育运动,更多地参与体育运动!

# 第四节　感悟魅力，打造活力课堂

"活力体育"课程实施是根据体育课程标准所确定的课程性质、目标、内容框架和所指导的教学原则评价建议等，参照所选用教科书的体系结构、内容材料、呈现方式等，结合体育教师的教学素养、经验、风格，从儿童学习水平、志趣、习惯以及教学的设备、资源环境等条件出发，有目的、有计划、有组织地实践显现体育课程本质、体现体育课程价值、实现体育课程目标的综合过程。而课程评价则是检验一门课程实施效果的一个重要途径，不仅有利于激励和监督儿童进一步学习，而且还有利于教师改进教学。

## 一、构建"活力课堂"，推进体育教学的有效实施

体育课堂应该是充满活力的，要让它变成儿童乐于学习的场所。让儿童在课堂上充分动起来，学得有滋有味、有声有色，这才是新课程下的体育课堂教学。体育课堂教学是一门永无止境的科学，也是一门永远不会完美的艺术。生命，因为活力而更美丽；教学，因为活力而更动人。

### （一）"活力课堂"的实践推进

（1）精心设计，激发学习欲望。教学内容的有效性是保证课堂教学有效的前提，是决定"有效教学"的理念能否兑现为课堂教学实践的关键因素。而新课标没有给体育教师规定许多具体的教学内容，教师们可以放手去开发、精心设计一些能唤起儿童学习欲望的教学内容，调动他们的学习积极性，儿童一旦对体育产生兴趣，主动性和积极性就会大大提高。

（2）营造氛围，活跃课堂气氛。要极力营造一种和谐、活跃的体育课堂气氛。体育课堂教学气氛是体育教学活动的心理背景。体育教学主要在室外进行，而且相对室内环境来说，教学环境相对宽松。在体育课中，教师尽力为儿童营造和谐的气氛，使他们的情绪处于适度的兴奋状态，每个成员在认知上相近，情绪上相融，心理上互动，课堂气氛活跃，教与学、练的情绪高涨，使儿童处于积极的心理状态之下。这样的环境有利于儿童的学习。

（3）发挥潜能，体验成功之乐。有专家指出，儿童是天生的学习者，学习是儿童个

体生命生存和发展的本能。另有专家说，儿童自身是富有潜能的个体，犹如一块乌黑的煤炭，蕴藏着巨大的能量，一经火花点燃，他们将释放出巨大的能量，燃烧成熊熊大火，教学实践也经常使我们感到，儿童的确具有极大的学习潜能。他们有独到的见解，独特的思维方式，有时我们没有想到的，他们却想到了，表现出令人惊奇的创造力。

（4）尊重儿童，实现教学相长。英国的菲贝利说过："对人尊重，他就能不断向上；光谴责，社会是不会进步的。"课堂上尊重儿童，建立民主、平等、和谐的师生关系，充分体现出儿童的主体性，才能激发儿童的创新意识和创造性思维。教学是教与学的交往、互动，师生之间相互交流、相互沟通、相互启发、相互补充。在这个过程中，教师与儿童分享彼此的思考、经验和知识，交流彼此的情感、体验与观念，丰富教学内容，求得新的发现，从而达到共享、共进，实现教学相长和共同发展。

**(二)"活力课堂"的评价要求**

体育教学评价一方面可以检查儿童对动作要领的掌握情况，另一方面可以督促儿童平时要加强练习。评价方法由原来单一的教师评价向多方评价转变，主要采用儿童自评、同伴评价和教师评价相结合的综合性评价，培养儿童正确看待自我和学会欣赏他人的良好品格，促进儿童的全面健康成长，具体评价内容如表 5-5 和表 5-6 所示：

表 5-5　广州市黄埔区荔园小学体育与健康阶段自我评价表
　　　　　（在相应的选项打√）

___年级___班　姓名_____　评定时间___年___月

| 评价内容 | 我对自己说 | | |
|---|---|---|---|
| | 我真棒 | 我能更行 | 加油啊 |
| 我的身体条件和运动能力 | | | |
| 我现在掌握的知识和技能 | | | |
| 我在体育课中的态度和行为 | | | |
| 我在敢于独立或乐于与他人合作进行练习方面的表现 | | | |

表5-6　广州市黄埔区荔园小学体育与健康学期自我评价、小组评价、
　　　　教师评价表

_____年级_____班　姓名_____　评定时间____年____月

| 评价内容 | 学习表现 | | 评价等级 | 自我评价 | | 小组评价 | |
|---|---|---|---|---|---|---|---|
| | | | | 上学期 | 下学期 | 上学期 | 下学期 |
| 体能 | 能进行速度练习,力量成绩有提高,平衡能力在增强 | | 好 | | | | |
| | | | 一般 | | | | |
| | | | 需努力 | | | | |
| 运动知识与技能 | 知道所做简单运动动作的方位、距离等;能安全地进行身体锻炼;动作等完成情况好 | | 好 | | | | |
| | | | 一般 | | | | |
| | | | 需努力 | | | | |
| 学习态度 | 课堂学习表现积极;能够主动参加课外体育活动 | | 好 | | | | |
| | | | 一般 | | | | |
| | | | 需努力 | | | | |
| 情意表现与合作精神 | 在体育活动中表现出较高的热情,能克服困难;课堂上能尊重同伴的意见,帮助对方,友好相处 | | 好 | | | | |
| | | | 一般 | | | | |
| | | | 需努力 | | | | |
| 体能测试成绩 | 测试项目 | 等级 | 老师想对你说 | 你真棒! 同学们都很佩服你哟,希望你不断进步。 | | | |
| | | | | 你会让老师和同学竖起大拇指的! 再努力点。 | | | |
| | | | | 老师和同学们都愿意帮助你,相信你会成功的。 | | | |

## 二、建设"活力社团",推进兴趣爱好课程实施

体育社团作为儿童课外体育活动的有效组织载体,是实施素质教育的重要途径。依据学校实际状况,将儿童体育社团建设与完善学校体育课程结构体系相结合,实施

体育社团课程化管理,将有组织的社团活动纳入体育课程教学计划,构建课内外相互融合、有机联系的体育课程结构体系,对充分发挥课外体育活动的功能与优势,增强体育课和课外锻炼的"合力"效益,切实提高学校体育工作整体质量,推动学校体育文化建设繁荣发展,具有重要的理论与实践意义。

**(一)"活力社团"的主要类型与实践**

学校目前开设的社团有篮球社、足球社、街舞社、击剑社、游泳社五个社团,每个社团都有相应的负责老师进行管理,具体实施如下:

第一阶段:建立社团管理小组,制定社团管理制度。学校高度重视儿童社团的建设,成立由一把手校长为组长的学校社团工作领导小组,确定由教导处主管,负责教师和课程的管理,体育科组负责儿童管理和社团日常活动的协调,建立明确、科学的管理体制。每个社团都要制定章程和工作计划,落实活动时间,并都拥有固定活动地点或专用教室。

第二阶段:广泛宣传,动员儿童参与。我们通过微信公众号、社团讲座、海报、家长会议等途径向儿童和家长宣传体育社团,让儿童了解社团活动是怎么回事,使儿童产生兴趣,踊跃报名,乐于参加。在广泛宣传发动的基础上,使儿童真正认识到社团活动的重要意义和价值。

第三阶段:报名入团,社团筛选合格会员。每位同学于宣传活动后一周内,依据学校公布的选社程序,到各社团登记地点办理登记事宜,原则上每一位同学只能参加一个社团。各个社团根据自己的入团标准对报名入团的儿童进行筛选,选择合适的社团成员。

第四阶段:开展社团活动。社团活动是教学活动的延伸与重要补充,在管理上视同正式上课,社团成员都必须积极参与社团活动,无故不参加社团活动者作旷课处理。各社团以校内活动为原则,安排固定时间和场地进行活动,若想到校外活动,需向社团活动领导小组书面申请核准,并需有老师率队。若利用假日举办活动,需先向社团活动领导小组提出书面申请。

第五阶段:总结评价,反馈社团活动开展的情况。学校每学期将对各社团活动情况进行考核(考核细则另定)。对于表现突出的社团和指导老师,学校将给予适当奖励。对表现欠佳的社团,社团活动领导小组将在新学年开始时,责令其解散或重组,并撤换不称职的社团干部。

**(二)"活力社团"的评价要求**

儿童社团考核办法是评估儿童社团业绩的主要方法,是评选优秀社团的主要依据,儿童社团考核办法坚持以科学、客观、公正、公开的原则进行。为推进儿童社团的发展,调动广大教师充分发挥特长的积极性,培养儿童的创新能力和实践能力,陶冶儿童的情操,提高儿童的综合素质,促进儿童德智体全面发展,结合我校实际制定本评价细则,社团按照本细则的要求对社团活动进行评价,具体细则如下:

表5-7 广州市黄埔区荔园小学体育与健康"活力社团"评价表

| 项目 | 要求 | 分值 | 备注 |
|---|---|---|---|
| 管理体制 | 1. 学校对社团组织有定期例会、安排总结。 | 5 | |
| | 2. 每个社团要固定1—2名热心于儿童社团辅导工作的辅导教师。 | 5 | |
| | 3. 社团要有规范的规章制度和目的宗旨。 | 10 | |
| | 4. 社团每学期初要制定出操作性强的学期活动计划,学期末要有活动总结。 | 10 | |
| 活动开展 | 1. 依据方案开展活动,有详细的活动内容、记录、图片、签到表等。 | 10 | |
| | 2. 有固定的辅导教师、社团学员,活动能够按照计划定期开展。 | 10 | |
| | 3. 整个活动的开展,辅导老师要精心准备,因材施教(通过活动视频、调查等方式了解)。 | 5 | |
| | 4. 社团活动具有创新性,课程开发实施能满足儿童的兴趣发展需求,重视发展儿童的个性特长,能开发出适合儿童特点和利于儿童发展的校本课程,重视培养儿童的实践能力,深受儿童喜爱。 | 10 | |
| | 5. 每学期末要组织一次围绕社团活动开展的展示活动。 | 15 | |
| | 6. 积极承担各级各类比赛、演出任务等。 | 20 | |
| 备注 | | | |

## 三、搭建"活力舞台",推动活动课程的实施

"活力舞台"是儿童展示自我的一个很重要的途径,是儿童将课堂知识用于实践的

一个很重要的平台,也是检验儿童学习成果的一个重要的途径。

**(一)"活力舞台"的实践推进**

现在学校开展的"活力舞台"有班级篮球赛、班级足球赛、游泳比赛、全校性综合运动会、队形队列操比赛等一系列竞赛活动,每个活动的开展过程如下:

第一阶段,发动准备阶段。制定《荔园小学"活力舞台"总方案》,在学校进行全面广泛的宣传和发动。

第二阶段,组织实施阶段。根据学校总方案制定各项目详细比赛方案,安排各场比赛的时间,进行班级海选、组织报名、参加比赛等。

第三阶段,闭幕式、表彰阶段。在活动中表现突出的个人和班级,由学校颁发奖状和荣誉证书。

**(二)"活力舞台"的评价要求**

"活力舞台"的评价主要从方案制定、内容设置、实施过程、活动效果和儿童评价五个方面进行,活动结束后由负责活动的老师、主管领导和儿童进行评价,分别填写不同的评价表,具体评价要求如表5-8和表5-9所示:

表5-8　广州市黄埔区荔园小学体育与健康"活力舞台"活动要求与评价表(教师)

| 评价项目 | 具体要求 | 分值 | 得分 |
|---|---|---|---|
| 方案 | 活动方案详细,分工明确,考虑周全。 | 10 | |
| | 做好各种突发状况的预案。 | 10 | |
| 内容 | 内容主题突出,形式多样。 | 10 | |
| | 富有趣味性,能吸引儿童参与。 | 10 | |
| 实施 | 活动严格按照方案实施,提前做好各种准备,每个项目有专人跟进。 | 15 | |
| | 活动的每个环节安排得紧密有序,没有因为考虑不周而导致的突发状况。 | 15 | |
| 效果 | 活动深受儿童喜爱,能达到活动目的,使儿童收获良多。 | 15 | |
| | 活动气氛良好,质量高。 | 15 | |
| 总评 | | | |
| 备注 | | | |

表 5-9　广州市黄埔区荔园小学体育与健康"活力舞台"活动评价表（儿童）

| 评价内容 | 请在相应的选项后面的括号打√ |
| --- | --- |
| 本次活动的项目设置你喜欢吗？ | 非常喜欢（　　）　比较喜欢（　　）　一般（　　）　不喜欢（　　） |
| 本次活动的气氛你觉得怎样？ | 气氛非常好（　　）　气氛比较好（　　）　气氛一般（　　）　没什么气氛（　　） |
| 通过本次活动你有收获吗？ | 收获满满（　　）　有较多收获（　　）　有一些收获（　　）　没什么收获（　　） |
| 如果下次再有这样的活动你还会继续参加吗？ | 会，非常愿意参加（　　）　会认真考虑是否参加（　　）　不怎么想参加（　　）　完全不想参加（　　） |

## 四、推行"活力之旅"，落实研学探究课程

"活力之旅"是一门研学探究课程，目的是让儿童能够走出校门到外面的世界探索学习，扩展在课堂上学习的知识。本门课程也是一门针对性课程，儿童根据自己的兴趣和学校每期推出的不同主题的课程来选择，参加自己有兴趣的主题之旅，这样能大大提高儿童的学习兴趣与效果。

**（一）"活力之旅"的主要类型**

"活力之旅"主要有以下类型：

（1）观赛活动。学校通过与体育局、教育局和各运动项目协会建立联系，在有各种大型体育类比赛时，给学校一部分免费观赛门票，由学校组织有兴趣的儿童到比赛场地观赛，让儿童能够近距离感受比赛现场氛围。

（2）参观专业队训练基地。学校通过与体育局和各级专业运动队建立联系，定时组织有兴趣的儿童到专业队的训练基地，近距离与专业运动员沟通交流，学习运动员不怕苦不怕累的拼搏精神。

（3）参加各级各类比赛与活动。当学校接到各级各类体育比赛或者活动通知时，积极组织有兴趣的儿童进行报名选拔参赛。通过各类比赛活动提升儿童的运动竞技水平，培养儿童的观赛和比赛礼仪。

**(二)"活力之旅"的评价要求**

"活力之旅"的评价主要从组织建设、管理体制、活动开展三个方面进行,活动结束后由负责活动的老师、主管领导和儿童进行评价,分别填写不同的评价表,具体评价要求如表5－10所示:

表5－10　广州市黄埔区荔园小学体育与健康"活力之旅"活动要求与评价表

| 项目 | 要　　求 | 分值 | 备注 |
|---|---|---|---|
| 组织建设 | 活动有完善、高效的组织机构。 | 10 | |
| 管理体制 | 1. 外出活动有方案、申请,学校有批复、经费有备案。 | 10 | |
| | 2. 外出活动有辅导老师和热心于为儿童提供服务的义工。 | 10 | |
| | 3. 外出活动有应急预案,能最大限度保障参与活动人员的人身和财产安全。 | 10 | |
| 活动开展 | 1. 老师精心策划活动的开展。 | 10 | |
| | 2. 依据方案开展活动,有详细的活动内容、记录、图片、签到表等。 | 20 | |
| | 3. 活动具有创新性,能满足儿童的兴趣发展需求,能重视发展儿童的个性特长,重视培养儿童的实践能力,深受儿童喜爱。 | 20 | |
| | 4. 活动开展完毕后有展示活动。 | 10 | |
| 备注 | | | |

总之,无论是从"活力课堂"的实践推进、"活力社团"的扎实开展,还是"活力舞台"的搭建、"活力之旅"的稳健开展,都是为了从多个维度推进落实"活力体育"课程,让儿童能够从多维度体验"活力体育"的精彩与魅力,从而让"活力体育"的花朵绽放得更加绚丽!

（撰稿者:凌国松　何敏珊）

# 第六章
# 转型发展性与创意美术

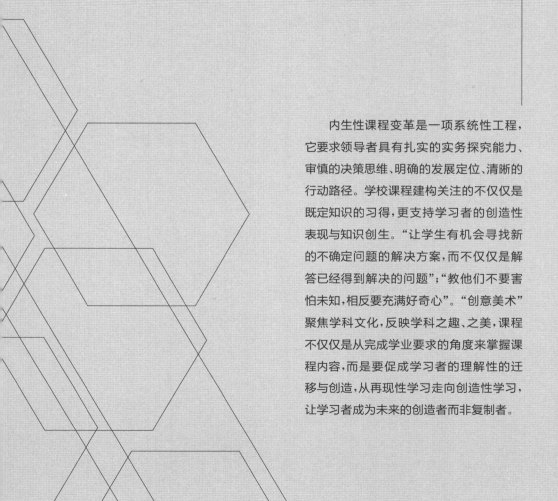

内生性课程变革是一项系统性工程，它要求领导者具有扎实的实务探究能力、审慎的决策思维、明确的发展定位、清晰的行动路径。学校课程建构关注的不仅仅是既定知识的习得，更支持学习者的创造性表现与知识创生。"让学生有机会寻找新的不确定问题的解决方案，而不仅仅是解答已经得到解决的问题"；"教他们不要害怕未知，相反要充满好奇心"。"创意美术"聚焦学科文化，反映学科之趣、之美，课程不仅仅是从完成学业要求的角度来掌握课程内容，而是要促成学习者的理解性的迁移与创造，从再现性学习走向创造性学习，让学习者成为未来的创造者而非复制者。

广州市黄埔区荔园小学美术科组,现有专任教师2人。教研组认真积极参加各类美术教科研活动,被评为"广州市先进美术科组"。近年来科组老师一直深耕青少年科幻画这一片热土,在青少年科技创新大赛等多个比赛中多次获奖,由于成绩突出被评为广州市科技幻想画特色项目学校。我们根据教育部《关于全面深化课程改革落实立德树人根本任务的意见》《义务教育艺术课程标准(2022年版)》等政策文件精神,推进学校美术学科课程群建设,取得了良好的效果。

## 第一节　感知美好，滋养精神生命

### 一、学科性质观和价值观

美术课程聚焦核心素养，以美术为主跨学科融合，以美育人，是学校进行美育的主要途径，是九年义务教育阶段全体学生必修的基础课程，在实施素质教育的过程中具有不可替代的作用。

《义务教育艺术课程标准（2022年版）》明确指出："义务教育艺术课程以立德树人为根本任务，培育和践行社会主义核心价值观，着力加强社会主义先进文化、革命文化、中华优秀传统文化的教育；坚持以美育人、以美化人、以美润心、以美培元，引领学生在健康向上的审美实践中感知、体验与理解艺术，逐步提高感受美、欣赏美、表现美、创造美的能力，抵制低俗、庸俗、媚俗倾向；引导学生树立正确的历史观、民族观、国家观、文化观，增强爱党、爱国、爱社会主义的情感，坚定文化自信，提升人文素养，树立人类命运共同体意识，为实现中华民族伟大复兴而不懈奋斗。"①因此学校力求在美术课程中重视发展学生的核心素养，培养学生适应未来发展的正确价值观、必备品格和关键能力，将艺术与生活紧密联系起来。创设轻松愉悦的学习氛围，增强学生的自信心，自由抒发情感，表达个性创意，体验美术学习的快乐，滋养精神生命健康成长，引导学生明确人生发展方向，成长为德智体美劳全面发展的社会主义建设者和接班人。

### 二、学科课程理念

基于这种认识，我校美术学科课程理念定位为"创意美术"。我们认为创意美术是一门以美术为载体，唤醒孩子充满童真和智慧的心灵，致力于培养孩子综合素质、独立人格、创新思维模式的多元课程。注重对孩子想象力和创造力的培养，尊重每个孩子

---

① 中华人民共和国教育部. 义务教育艺术课程标准（2022年版）[S]. 北京：北京师范大学出版社，2022：1.

独有的特性,引导孩子寻找自我,表达自我,释放潜能,逐渐找到美的规律,学以致用,在创作过程中一如既往地对中华优秀传统文化进行传承和创新,创造属于自己的艺术作品。

我们期望孩子将艺术融入生活,在这个潜移默化、储存能量的过程中,培养自己的修养、审美、品行、素质,擦亮发现美的眼睛,感知世界的多彩,慢慢学会欣赏生活的美好,从而拥有自信和幸福的童年。

1.“创意美术”是联系生活的美术

美术教育不是培养艺术家,而是要培养热爱生活、内心充满美、创造美好生活的人。“创意美术”课程不单是教孩子在纸上画画,更多的是培养一种思维方式。拥有发现美的眼睛和创造美的心灵会回馈到生活里,让生活越来越美好。通过引导孩子们深入生活、观察生活、体验生活,逐渐融入社会,逐渐形成环境意识、社会意识和生命意识,让他们的内心充满对生活的热爱与激情,领悟实际生活中美术的独特价值。

2.“创意美术”是启发思维的美术

少儿时代是思维的发育阶段,而进行美术教育正是开发智力、训练思维、培养灵感、提高少儿自身修养和气质的一种有效方式。长期的艺术教育实践,使我们认识到教育的本质不是把篮子装满而是把灯点亮,带给孩子们启发性的思维比知识的硬性灌输更加重要。美术创作遵循手脑潜能开发原理,当孩子开始画画时,他们的思维过程被激活了,在创作过程中会把他所有的经验如思考、感觉、知觉、视觉、触觉等,与眼、耳、口、手、脑五维相互联系起来,这种行为使孩子们的创造力与思维能力得到充分发展。

3.“创意美术”是丰富情感的美术

情感是学习的动力,画画有利于孩子情感的宣泄,使其身心发展得到平衡。在儿童的世界里,美术创作能让他们全身心投入。孩子通过美术课程能学会与人沟通,学会表达想法,学会释放情绪,使身心得到平衡发展,以积极乐观主动的态度,去面对未来人生的挑战。

4.“创意美术”是倡导创新的美术

创新意识和能力是未来社会人才应具备的最重要的心理品质。在创作中尊重每个孩子独有的特性,启发他们心灵深处的潜意识,自由表达、自由探索、自由联想,不执着于像与不像,而是回到他们的内心,让他们通过美术语言来表达出自己的想法、观点,培养他们创作的积极性、自主精神以及自我的观察能力、发现能力、幻想能力、独立思考和解决问题的能力。

总而言之,"创意美术"唤醒孩子充满童真和智慧的心灵,擦亮孩子发现美的眼睛,使他们在愉悦的体验中,逐渐找到美的规律,自然而然地领悟自然之美、生命之美和创造之美。

# 第二节 发现美好，感悟生命精彩

## 一、学科课程核心素养内涵和总目标

艺术课程围绕核心素养，体现课程性质，反映课程理念，确立了课程目标。

### （一）核心素养内涵

核心素养是课程育人价值的集中体现，是学生通过课程学习逐步形成的适应个人终身发展和社会发展需要的正确价值观、必备品格和关键能力。艺术课程要培养的核心素养主要包括审美感知、艺术表现、创意实践、文化理解等。[①] 艺术课程的 4 个核心素养相辅相成，相得益彰，贯穿艺术学习的全过程。其中，审美感知是艺术学习的基础，艺术表现是学生参与艺术活动的必备能力，创意实践是学生创新意识和创造能力的集中体现，文化理解则以正确的价值观引领审美感知、艺术表现和创意实践。[②]

### （二）总目标

通过义务教育艺术课程的学习，学生应达到以下目标：

1. 感知、发现、体验和欣赏艺术美、自然美、生活美、社会美，提升审美感知能力。

2. 想象力丰富，能运用媒介、技术和独特的艺术语言进行表达与交流，运用形象思维创作情景生动、意蕴健康的艺术作品，提高艺术表现力。

3. 发展创新思维，积极参与创作、表演、展示、制作等艺术实践活动，学会发现并解决问题，提升创意实践能力。

4. 感受和理解我国深厚的文化底蕴和党的百年奋斗重大成就，传承和弘扬中华优秀传统文化、革命文化、社会主义先进文化，坚定文化自信，铸牢中华民族共同体意识。

5. 了解不同地区、民族和国家的历史与文化传统，理解文化与构建人类命运共同体的关系，学会尊重、理解和包容。[③]

---

① 中华人民共和国教育部.义务教育艺术课程标准(2022年版)[S].北京:北京师范大学出版社,2022:5.
② 中华人民共和国教育部.义务教育艺术课程标准(2022年版)[S].北京:北京师范大学出版社,2022:6.
③ 中华人民共和国教育部.义务教育艺术课程标准(2022年版)[S].北京:北京师范大学出版社,2022:6.

## 二、学科课程共同目标

依据《义务教育艺术课程标准（2022 年版）》提出的总目标，结合我校实际情况，我们按照美术学科"欣赏·评述""造型·表现""设计·应用""综合·探索"四个学习领域设定了"创意美术课程"的学习共同目标。

（一）"欣赏·评述"领域学习目标：通过欣赏大自然景物以及中外美术作品，学会运用简单的美术语言，以口头描述或写作等形式，对至少 6 位中外美术家及其作品表达理解与感受。知道 2 种以上中国民间美术种类的主要特点以及代表作品的寓意，用词语、短句等表达感受和认识。学会从多角度认识与欣赏美术作品，逐步提高视觉感受、理解与评述能力。掌握美术欣赏的基本方法，能够在文化情境中认识美术。

（二）"造型·表现"领域学习目标：认识线条、形状、色彩、空间、明暗、肌理等基本造型元素。运用对称、均衡、重复、节奏、对比、变化、统一等形式原理进行造型活动，增强想象力和创造意识。能合理运用这些元素和形式原理参与造型表现活动。发展美术构思与创作的能力，表达思想与情感。

（三）"设计·应用"领域学习目标：了解形状与用途的关系，学会设计创意和工艺制作的基本方法。逐步发展关注身边事物、善于发现问题和解决问题的能力。有意识地运用形式原理进行设计制作并表现一定创意。了解工艺制作的过程，根据物品的用途，大胆进行想象，表达创意。感受设计和工艺与其他美术活动的区别。

（四）"综合·探索"领域学习目标：了解美术各学习领域的联系，以及美术学科与其他学科的联系。了解将美术学科与其他学科融会贯通的方法，增强解决问题的综合能力。认识美术与自然、美术与生活、美术与文化、美术与科技之间的关系，进行探究性、综合性的美术活动，并以各种形式发表学习成果。

## 三、学科课程年段目标

依据美术课程的总目标，以及我们对教材、教师教学用书的解读，结合每个学段的学习内容，考虑到每个学段学生的年龄心理特点，为了适应学生个体发展的需要，我们制定了一至六年级"创意美术"课程的具体目标。这里，以二年级具体目标为例，如表 6－1 所示：

表6-1 广州市黄埔区荔园小学"创意美术"课程二年级目标表

| 单元＼学期 | 上学期 | 下学期 |
|---|---|---|
| 第一单元 | 共同要求<br>1. 感受民间玩具质朴的审美趣味和现代玩具造型简练、有趣，与科学结合的审美追求。<br>2. 能用简短的话语描述民间玩具和现代玩具的特点及玩法。<br>3. 能选择喜欢的工具，画出玩具的造型、色彩、材料质感。<br>校本要求<br>能从材质、外形、色彩等方面辨别现代玩具与民间玩具的异同。 | 共同要求<br>1. 以儿童生活情趣为主要欣赏内容，让学生了解中外画家如何从平凡的生活中发现"美与趣"。<br>2. 初步感受传统绘画与动漫艺术的关系，培养学生热爱生活的情感和训练学生与作品对话的能力，陶冶审美情趣。<br>校本要求<br>能感受中外卡通形象夸张浪漫的造型与色彩特征。 |
| 第二单元 | 共同要求<br>1. 能发挥想象力，进行以动物为主题的平面与立体造型创作。<br>2. 了解主体与背景的关系。<br>3. 多种材料的尝试与表现。<br>校本要求<br>能表现出动物的形态、色彩特征。 | 共同要求<br>1. 感知与描绘线材构成的画面美感，懂得用不同的线条表达情感。<br>2. 会借助象形文字的结构特点进行造型与构图。<br>3. 掌握花的基本结构，能用点、线、色进行美化。<br>校本要求<br>灵活运用线材表现物象，组织画面进行装饰，提高学生对点、线、色的认识与表现能力。 |

| 单元＼学期 | 上学期 | 下学期 |
|---|---|---|
| 第三单元 | 共同要求<br>1. 感受植物、食物等形态、色彩、花纹特征。能综合运用材料、工具和技法表现作品。<br>2. 运用线条进行粗、细、疏、密的合理表现。掌握构图中的主次、遮挡关系。<br>校本要求<br>尝试拓印方法和运用色绘、线描、粘贴等技能进行创作，表现自己对生活美的体验和感受。 | 共同要求<br>1. 了解水果的基本特征，选择不同工具材料表现有特色的水果。<br>2. 了解水果切面上美丽图案的构成特点和规律，用绘画或拓印表现图案。<br>3. 抓住人物的特征，以夸张的绘画手法表现儿童吃瓜果的神态和动态特征。<br>4. 感知影子形成的原因，会运用概括、简洁、重叠、线绘、色绘的方法表现影子画。<br>校本要求<br>掌握一些基本的美感形式要素，培养学生从多个角度观察事物和表现物象的能力。 |
| 第四单元 | 共同要求<br>1. 感受立体泥塑与浮雕泥塑的不同形态特征。感知对称、夸张、变形的艺术手法。<br>2. 运用基本体进行立体与浮雕泥塑组构，培养动手能力。<br>校本要求<br>掌握手捏、盘泥条、泥板成型等泥塑技法。 | 共同要求<br>1. 了解卡通吉祥物的寓意、审美特点与作用，会用夸张拟人的手法表现吉祥物。<br>2. 运用撕纸拼贴的手法，表现民族儿童的服饰特征。能运用折叠对称剪纸的方法，设计制作儿童人物趣味造型。<br>3. 感知材料的妙用，掌握纸工和绘画相结合的造型方法。<br>校本要求<br>运用形与色设计吉祥物和玩具，增强民族团结意识，体验情感的折纸玩具设计。 |

| 单元＼学期 | 上学期 | 下学期 |
|---|---|---|
| 第五单元 | 共同要求<br>1. 运用造型元素、基本形组合表现物象。<br>2. 运用纸材进行平面到立体的剪、折、粘贴造型。培养想象思维和设计意识。<br>校本要求<br>能选择合适的工具、材料进行平面或立体的设计与制作。 | 共同要求<br>1. 了解城堡的造型特点，运用多种材料设计制作几何体组构城堡建筑模型。<br>2. 感知面具的多元文化的艺术特点，妙用废弃物品进行组合，装饰设计制作有个性的纸碟怪脸和实用性小工艺品。<br>3. 能积极参与各种探索，利用废物进行基本形体组构，能与同学合作创作美观实用的垃圾桶。<br>校本要求<br>注重材料的结合与探索，利用各种媒材，表现自己的想象，在创作美的作品同时渗透环保知识和科技意识。 |

# 第三节　构建美好，编织艺术梦想

为了实现课程目标，我校基于培养学生的美术素养提出"创意美术"课程。儿童美术教育应该注重培养孩子的艺术感觉和自我感觉，这是基于儿童美术教育是美育，其目的不是造就几个专业技术人员、画家，而是培养一批有美感的、高素质的、时代需要的人才，唤起孩子对生活的热爱、对想象的热忱，培养创新意识，开发创新潜能，提高艺术素养，促进个性发展和完善人格。为此，我们建构"创意美术"学科课程群，形成美术学科课程体系。

## 一、学科课程结构

依据《义务教育艺术课程标准（2022 年版）》，我们从"造型·表现""设计·应用""欣赏·评述""综合·探索"四个学习领域，秉承学科课程哲学，结合发展特点，具体分为"奇思妙绘""心灵手巧""我有画说""画情画意"四大类，如图 6-1 所示：

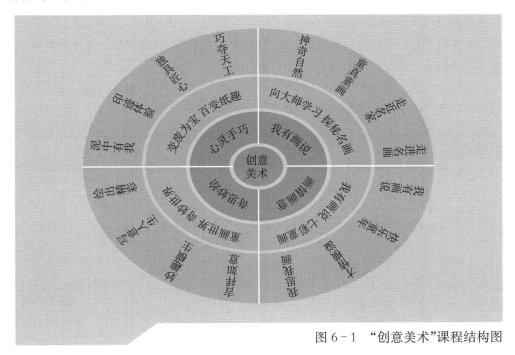

图 6-1　"创意美术"课程结构图

"创意美术"课程具体表述如下：

奇思妙绘：通过有趣的涂色游戏、奇思妙想、体验不同的画种，提升造型与色彩的感知能力。开设的绘画类课程有"童画世界""奇妙世界"等。

心灵手巧：通过多种多样的手工类课程，如轻黏土、旧物改造、剪纸、设计类等，锻炼学生的动手操作能力、审美能力以及环保意识。通过"搓、揉、拼、剪、画"等方法体会动手操作的乐趣。开设的课程有"变废为宝""百变纸趣"等。

我有画说：欣赏评述类课程有助于帮助学生提高审美与情感的表达。依托学生课后查阅资料、小组自主探究、教师讲解等形式开展。开设的课程有"向大师学习""探秘名画"等。

画情画意：通过比赛的形式，激发学生发现美、鉴赏美、创造美的能力，开阔学生视野，感受美术的多元与奥妙，提升学生的美术核心素养。开设的课程有"我有画说""七彩童画"等。

## 二、学科课程设置

依据课程标准，以国家课程为基础，从"奇思妙绘""心灵手巧""我有画说""画情画意"四大类进行课程构建，形成一至六年级的"创意美术"拓展课程群。具体课程表如表6-2所示：

表6-2 广州市黄埔区荔园小学"创意美术"拓展课程表

| 课程类别 | | 奇思妙绘 | | 心灵手巧 | | 我有画说 | | 画情画意 | |
|---|---|---|---|---|---|---|---|---|---|
| 年级 | | 课程名称 | 课程内容 | 课程名称 | 课程内容 | 课程名称 | 课程内容 | 课程名称 | 课程内容 |
| 一年级 | 上学期 | 童画世界 | 走进大自然 | 泥中有我 | 有趣的彩泥 | 神奇自然 | 自然界的冷与暖 | 我有画说 | 创意美术活动 |
| | 下学期 | | 海阔天空真奇妙 | | 超轻黏土变变变 | | 五彩的世界 | | 科技艺术节（科幻画） |

| 课程类别 | | 奇思妙绘 | | 心灵手巧 | | 我有画说 | | 画情画意 | |
| --- | --- | --- | --- | --- | --- | --- | --- | --- | --- |
| 年级 | | 课程名称 | 课程内容 | 课程名称 | 课程内容 | 课程名称 | 课程内容 | 课程名称 | 课程内容 |
| 二年级 | 上学期 | 奇妙世界 | 漫游缤纷的美术世界 | 变废为宝 | 废物超级变变变 | 童真童画 | 画中的故事 | 童眼看世界 | 创意美术展 |
| | 下学期 | | 花花世界我来探 | | 废材的第二次生命 | | 形形色色的世界 | | 科技艺术节（科幻画） |
| 三年级 | 上学期 | 妙趣横生 | 点线面你我他 | 百变纸趣 | 心灵手巧 | 向大师学习 | 我也是艺术大师 | 快乐童年 | 创意美术展 |
| | 下学期 | | 黑白世界的魅力 | | 四季如歌 | | 拥抱艺术 | | 科技艺术节（科幻画） |
| 四年级 | 上学期 | 吉祥如意 | 走进民间美术 | 印迹体验 | 拓印的魅力 | 探秘名画 | 农民画的魅力 | 七彩童画 | 创意美术展 |
| | 下学期 | | 神秘图腾 | | 玩味版画 | | 名画拍卖会 | | 科技艺术节（科幻画） |
| 五年级 | 上学期 | 绘出精彩 | 线描写生 | 巧夺天工 | 巧手编织 | 走近名家 | 我所了解的画家 | 我思我画 | 创意美术展 |
| | 下学期 | | 色彩写生 | | 玩偶制作 | | 写出我眼中的名画 | | 科技艺术节（科幻画） |
| 六年级 | 上学期 | 写意人生 | 水墨游戏 | 独具匠心 | 以形造物 | 走进名画 | 画家笔下的生命赞歌 | 才情横溢 | 创意美术展 |
| | 下学期 | | 笔墨意趣 | | 智能科技美好未来 | | 情感丰富的人生色彩 | | 科技艺术节（科幻画） |

# 第四节　践行美好，体验快乐成长

　　美术课程努力体现义务教育的基本特征，保证每个学生接受美术教育的权利，让全体学生参与美术学习，使每个学生在自己原有的基础上有所发展。以学生的发展为中心，引导学生学会学习，学会合作，学会生存，学会做人。"创意美术"依据学科课程理念、课程目标、课程设置，结合学校现状和师生特点，从五个方面设计实施与评价，即"创意课堂""创意工坊""创意美术节""创意科技艺术节""创意美术展"，旨在践行感受美、认识美、鉴赏美、创造美的课程理念。

## 一、建构"创意课堂"，丰富美术学习

　　"创意课堂"是课堂教学培养和发展学生创新精神、创新意识、创新能力的主阵地。"创意课堂"预设多元的学习目标，创设灵活教学形式，结合生活经验，注重动手实践，构建有趣的教学过程，营造极具艺术色彩的课堂氛围。

### （一）"创意课堂"的要义与操作

　　"创意课堂"的学习目标是多元的，学习内容是贴近生活的，学习方式是多样灵活的，学习效果是学以致用的。

　　（1）"创意课堂"设定多元学习目标。针对不同年级和不同学龄的学生以及不同的课型，对每节课的教学内容分层次地制定具体、详细的教学目标。

　　（2）"创意课堂"创设灵活教学形式。教学形式的多样变化更替，给课堂注入无限活力。运用情境教学、分层教学、探究教学等形式让教学内容、空间丰富起来，关注学生的需求，以教材为载体，以灵活运用方法为手段，让教服务于学，激发学生对美术的浓厚兴趣。

　　（3）"创意课堂"关注学生的生活经验。艺术源于生活高于生活，这是家喻户晓的名言。在课堂教学中从学生角度出发，让学生从生活中来，到生活中去，这是学生学习美术的好方法，即从重视教学的知识价值，转向重视教学的生活价值。学生通过深入生活、观察生活、体验生活，发现和挖掘自己感兴趣的内容，加以引导和发展，调动学生情感，用艺术语言表现生活的缩影，放大生活的趣味，增强对生活的热情、对美术的

感悟。

（4）"创意课堂"注重动手实践。审美体验是学生成长的需要，是生活的需要。学生的审美体验就是从活动中来，从做中来。活动选用了许多普通的物品、废旧的材料，它们看似平淡无奇、废弃无用，可是只要同学们发挥丰富的想象力，运用灵巧的双手把它们美化一下，就能将它们变成一件件独具魅力的艺术品。孩子们会为自己感到骄傲，会对生活充满激动和自豪，从而使一颗颗幼小的心灵对生活的感悟、对生活的热爱更丰富、更真切。

**（二）"创意课堂"的评价要求**

美术课程评价是促进学生全面发展，改进教师教学，促进美术课程不断发展的重要环节。学习是一个过程，而不是结果。对学生的美术作业应采用多样化的评价方法，要充分肯定学生的进步和发展，并使学生明确需要克服的弱点与发展的方向。具体评价内容如表 6-3 所示：

表 6-3 广州市黄埔区荔园小学"创意课堂"评价表

| 学校 | 班级 | 授课教师 | 课题 | | | | 日期 |
|------|------|----------|------|---|---|---|------|
| | | | | | | | |

| 一级指标权重 | 二级指标权重 | 指标内容 | 指标内容等第 | | | | 评分 |
|------|------|----------|------|---|---|---|------|
| | | | A | B | C | D | |
| 教学设计 20% | 教学思想 | 符合"课标"精神，面向全体学生，突出学科的审美性、综合性、参与性和兴趣性原则。 | 10 | 8 | 6 | 4 | |
| | 教学目标 | 目标定位准确，符合实际并有所侧重，突出审美质培养。 | 10 | 8 | 6 | 4 | |
| 教学过程 30% | 教学内容 | 体现学科的课程性质和课程价值，内容正确，难易适度，条理清楚，知识完整。 | 10 | 8 | 6 | 4 | |
| | 教学方法 | 符合学生的认知规律，策略新颖，方法灵活多样，能激发学习动机和兴趣。 | 10 | 8 | 6 | 4 | |
| | 教学主体 | 体现学生主体，注重学法指导，满足个性差异和不同层次的需要。 | 10 | 8 | 6 | 4 | |

| 一级指标权重 | 二级指标权重 | 指标内容 | 指标内容等第 | | | | 评分 |
|---|---|---|---|---|---|---|---|
| | | | A | B | C | D | |
| 教学素养 20% | 教学能力 | 语言清晰,说普通话,教态亲切自然,专业技能技巧熟练规范,板书、范画设计合理。 | 10 | 8 | 6 | 4 | |
| | 教学媒体 | 能熟练掌握教学媒体,运用得当,提高学科的形象性、直观性、生动性的特征。 | 10 | 8 | 6 | 4 | |
| 教学效果 30% | 教学情感 | 创设情境,激发兴趣,师生互动,学生互助合作,气氛融洽,体现审美教育功能。 | 10 | 8 | 6 | 4 | |
| | 教学反馈 | 重视评价的多元化,重视学习能力、学习态度、情感价值观的提高。 | 10 | 8 | 6 | 4 | |
| | 教学创新 | 在教学内容、策略、模式、媒体、方法等方面进行有效的开发和创新。 | 10 | 8 | 6 | 4 | |
| 综合评价 | 优点:<br>缺点: | | 总分 | | | | |
| | | | 等级 | | | | |
| | | | 评价人 | | | | |

## 二、建设"创意工坊",提升美术学科素养

工作坊汇聚了美术老师和优秀学生的智慧,是老师和学生共同成长的沃土。工作坊的成立,旨在满足对美术兴趣的培养和对美术的追求,让学生通过"创意工坊",在美术素养上得到质的提升,共同领略美术的魅力。

### (一)"创意工坊"的要义与操作

"创意工坊"采用集中与分散有机结合的工作机制。工作坊导师研发拓展课程内容、拟定实施计划,对工作坊成员进行集中培训,制定个性化培养方案。发挥导师的引领作用,带动培养对象共同成长。工作坊对创意美术课程教学起到了积极推动的作用。

(1)借助平时的美术课堂教学,选出工作坊成员。在美术课堂上通过对学生的观察、检测,最后在3—6年级中,筛选出40名学生,组成6个小组,每3组有一名优秀的

美术教师带领。每逢周五下午进行科幻画研究学习活动。

（2）自主选择，确立研究专题。工作坊成员平时要多了解科学知识，多读科学书籍，时常关心科学发展动态，及时了解科学发展的新动向，再根据这些科学新知识，联系生活实际，运用方法，发挥想象，在创作过程中激发自己的创新精神，运用自己喜欢的方式表达出自己的内心世界。生活为科幻画的创造提供肥沃的土壤，是科幻画创作的重要源泉。引导学生在生活中找题材，培养学生热爱生活、善于观察生活，使他们从小就尝试手、脑并用，以及倡导科技与艺术的融会交流，具有非常重要的作用。工作坊采用相对民主平等的方式开展，让参与者能够在平等的立场下互相分享成果，并共同讨论、交换意见，进而凝聚意识。以小组合作方式进行，是利用分组讨论的方式，让参与者之间可以互相交流意见、激荡脑力、共同创造。

**（二）"创意工坊"的评价方法**

本课程实行随堂作业考核。每次课程结束都进行一次小总结，评价方式强调可操作性，力求评价指标简明、方法易行，促使学生就所学知识说出自己的看法、感受，并对自己的作品进行自评。教师对每位学生的作品进行点评，分析作品的优缺点，评出一些优秀作品。通过观察活动展示，展示学生的学习成果。评价标准如表6-4所示：

表6-4 广州市黄埔区荔园小学"创意工坊"的评价标准

| 学生姓名 | | 作品名称 | | |
|---|---|---|---|---|
| 创意说明 | | | | |
| 评价 | 作品的"科"科学性(30分) | 作品的"幻"创意性(30分) | 作品的"画"艺术性(30分) | 创意说明评分(10分) |
| 自评 | | | | |
| 他评 | | | | |
| 师评 | | | | |

## 三、设立"创意美术节"，浓郁美术课程氛围

"创意美术节"丰富了校园的美术文化，提高了学生的美术素养，他不仅能为"创意

美术节"课程的顺利实施营造良好的学习气氛及和谐的校园氛围,而且还能够实现校园文化建设和"创意美术节"课程的有机结合。通过举办"创意美术节",将全校师生动员起来,充分发挥自己的想象力和创造力,把课堂知识与实际生活紧密联系起来,用知识装扮生活,丰富内心世界。

**(一)"创意美术节"的活动设计**

"创意美术节"的活动设置,根据每个节日的特点,围绕节日主题,结合学生的年龄特征和知识水平,精心设计实践活动,让学生在参与中获得体验,增长知识,丰富情感,养成品德。主要活动设计如下:

(1)结合各种不同的传统节日,立足于当地的节日风俗,开展丰富多彩的美术活动。如表6-5所示:

表6-5　广州市黄埔区荔园小学"创意美术节1"

| 时间 | 年级 | 节日 | 课程 | 实施 |
|------|------|------|------|------|
| 9月 | 1—6年级 | 教师节 | 教师节贺卡制作 | 贺卡制作,送给自己的老师,表达感恩之情 |
| 10月 | | 国庆节 | 手抄报制作 | 教室黑板报制作,表达对祖国的热爱 |
| 11月 | | 消防安全(11.9) | 珍爱生命 | 海报制作——消防进家园,平安到永远 |
| 12月 | | 法治宣传(12.4) | 法治进校园 | 法治手抄报、绘画制作——人人学法用法,个个懂法护法 |
| 1月 | | 元旦 | 新年祝福 | 祝福卡制作,传递美好祝愿 |

(2)结合教材中的内容和节日,让美术学习融入学生的生活,将全校师生动员起来,充分发挥他们的想象力和创造力,把课堂知识与实际生活紧密联系起来,用知识装扮生活,丰富内心世界。如表6-6所示:

表 6-6　广州市黄埔区荔园小学"创意美术节 2"

| 时间 | 年级 | 专题 | 课程 | 实施 |
|---|---|---|---|---|
| 2月 | | 民间工艺 | 元宵灯笼的制作 | 悬挂在教室外走廊进行装饰 |
| 3月 | | 绿色地球 | 植树活动 | 植树活动体验手抄报 |
| 4月 | 1—6年级 | 诗情画意 | 诗配画 | 古诗词配画展 |
| 5月 | | 传统佳节 | 万水千山"粽"是情 | 端午节绘画展 |
| 6月 | | 每一颗童心都灿烂 | 六一儿童节 | 我的伙伴(剪纸) |

### (二)"创意美术节"的评价方法

"创意美术节"活动要规范化、科学化,构建适合学生年龄特征的评价体系,这是"创意美术节"能够顺利有序举办的有效保证。对"创意美术节"活动的评价应该秉持主题性、艺术性、趣味性、装饰性的原则。以下为"创意美术节"具体的评价标准,如表6-7所示:

表 6-7　广州市黄埔区荔园小学"创意美术节"具体的评价标准

| 小组人员 | | 评价教师 | |
|---|---|---|---|
| 主题 | | 班级 | |
| 项目 | 评价标准 | | 等级(优良中下) |
| 内容 | 贴近生活,符合学生年龄特征。 | | |
| | 表现出丰富的想象力和突出的创造力。 | | |
| | 表现出准确的造型能力和抽象理解能力。 | | |
| 形式 | 形式多样,载体丰富。 | | |
| | 与环境相契合,体现节日氛围。 | | |
| 过程 | 学生参与积极,主体作用发挥突出。 | | |
| | 活动秩序井然有序。 | | |
| | 主题突出,趣味丰富。 | | |

| 项目 | 评价标准 | 等级<br>（优良中下） |
|---|---|---|
| 效果 | 学生参与度高，体验感强，个性特长得到发展。 | |
| | 学生能正确运用材料，大胆创作表达自己的情感，作品富有创意。 | |
| 亮点 | | |
| 建议 | | |

## 四、推行"创意赛事"，丰富美术校园生活

学校每年都会举行"创意赛事"，会有一场全校性的科幻画比赛，旨在让孩子们感受收获的成就感，感受作品中所传达的爱生活、爱科学的情感。通过这个平台，推选优秀作品参加全国科技创新大赛、市科技周等各种比赛活动，让孩子在比赛中锻炼和展现自己学习的成果。我校二楼设有科技展览台，每年校内外的科幻画比赛作品都会定期进行展览，让孩子们感受到一种收获的成就感。观看作品的同学也会感受到作品中传达的爱生活、爱科学的情感。学校积极组织学生参加校内外科幻画大赛，为学生创设展示自我的平台。

**（一）"创意赛事"的实施**

首先确定活动时间、活动宗旨、活动主题和活动内容，将全校学生列为参赛对象，规定参加比赛的作品种类：水墨画、水彩画、儿童画、版画、漫画、剪纸等，明确各类作品规格；

其次以班级为单位，由各班美术老师进行初步筛选，每班选出 10 份作品；

然后汇总每班作品，由全校美术老师进行复选，选出 100 份作品参加"创意科技艺术节比赛"决赛，再从中评选出一等奖、二等奖、三等奖若干名。

**（二）"创意赛事"的评价**

"创意赛事"设立一等奖、二等奖、三等奖，其评定标准如表 6-8 所示：

表6-8　广州市黄埔区荔园小学"创意赛事"评价标准

| 姓名 | | 班级 | | 作品名称 | | |
|---|---|---|---|---|---|---|
| 项目 | 评价标准 | | | 等级 | | |
| | | | | 一等奖<br>优秀 | 二等奖<br>良好 | 三等奖<br>一般 |
| 思想性 | 主题明确,内容健康向上,符合科学性、实践性,具有可操作性。 | | | | | |
| 创造性 | 主题表达形式新颖,构思、创意独特、巧妙,具有想象力和个性表现力,创作属原创。 | | | | | |
| 艺术性 | 各元素运用合理、关系协调,画面构成具有形式美感,法则运用恰当,制作精美,版面整洁。 | | | | | |

## 五、凝聚"创意美展",构建润物无声的文化氛围

"创意美展"是学生美术课学习的一面镜子,它能直观地反映出学校教与学双边活动效果,是美术课堂教学的延伸和补充,学生可以在一个新环境里从新的角度认识自己,了解自己。同时为学生们提供参与、协作、探讨、交流、发展的机会,提供一个自我展示与肯定的平台,使每一位学生参与、体验美术创作的过程,达到美术教育的最终目的——审美能力的提高。"创意美术展"形式多样、灵活,展示内容可统一主题,也可自己拟定,给学生极大的发挥空间,构建润物无声的文化学习氛围。

### (一)"创意美展"的要义与操作

"创意美展"是对学生美术作品的集中直观展示,改变了传统教学枯燥单一的教学模式,激发了学生的学习兴趣。无论是作品的色彩还是作品表现的材质,都是近可触及的,以美育己,快乐成长,这正是我们所欣赏的艺术熏陶和大力倡导的情境教学。

(1)"创意美展"在分享中生成新知识。在展出的过程中学生有观察、有比较、有评说,大家互为老师。在交流的过程中形成艺术欣赏、评判的能力,从中获取新的知识,这就是新的课堂内容的生成。它有利于激发学生主动探究的学习欲望,开拓学生多元灵活的艺术思维,使美术教学回归到以学生发展为本的轨道上来。

（2）"创意美展"让每一颗童心都灿烂。美国心理学家詹姆斯说："人最本质的需要是渴望被肯定。"而对孩子们来说，自己的作品被展示出来，就意味着作品被同伴、老师认可，从而产生成就感，身心愉悦，树立自信心，积极地投入到下一次的创作活动中去。

（3）"创意美展"是教学过程的必然组成部分。学校里的展览不论大小，不仅仅是美术老师的事情，而是需要老师和学生齐参与，才更能起到美育的作用。布展本身也是一门学问，通过布展，学生运用所学到的美术知识去进行排版设计，既能对知识进行有益的补充和交融，又能使学生在参与过程中产生一种自主感。创设润物无声的文化氛围，让每一个具有创意的作品都在装点着校园，为校园文化建设增添魅力。

**（二）"创意美展"的评价要求**

不管是怎样的评价，都要以一种发展的眼光来对待。恰当、合适的评价有利于学生的进一步发展，多元化的评价方式符合评价学生的需要，有利于发现学生的长处，增强学生的自信，调动学生的积极性，让学生感受到自己的进步。为了使教师有效把握评价方式，提升活动的效果，特制定评价要求，"创意美展"评价细则如表 6 - 9 所示：

表 6 - 9 "创意美展"评价标准

| 成员 | | 评价教师 | |
|---|---|---|---|
| 主题 | | 班级 | |
| 项目 | 评价标准 | | 评价 |
| 准备阶段 40 分 | 设定的主题贴近生活，难易适度。 | | |
| | 学生美术作品准备充分。 | | |
| | 有趣味性，能激发学生的好奇心，提高兴趣。 | | |
| | 积极参与场地选择与布展。 | | |
| 展览过程 30 分 | 教师管理有方，学生活动有序。 | | |
| | 参观与交流有序。 | | |
| | 发挥学生主体作用，积极参与，提升能力。 | | |

| 项目 | 评价标准 | 评价 |
|---|---|---|
| 展后反馈<br>30分 | 学生兴趣得到培养,个性特长得到发展。 | |
| | 总结经验,学生与老师做经验分享。 | |
| | 培养学生的创新意识。 | |
| 总评 | | |

优点点评:

问题及建议:

综上所述,"创意美术"课程秉承在美术学习过程中,激发创造精神,发展美术实践能力,形成基本的美术素养,陶冶高尚的审美情操,完善人格。通过"创意美术课堂""创意美术工坊""创意美术节""创意科技艺术节""创意美术展"等一系列课程践行这一学科理念。该课程培养孩子的艺术感觉和自我感觉,让他们从小学会从最平凡的事物上,发现美,也懂得利用身边平凡的事物,创造美。培养学生对生活始终秉持积极快乐的态度,不只关注现实的价值,更是能以美的感受,面对人生,使他们的身心得以全面健康的发展。

(撰稿者:张益平　刘培刚)

　　"每一颗心都灿烂"是我校师生追寻的一种教育生态。坐落在黄埔西部中心的荔园小学,就有着一群朝着"每一颗心都灿烂"的教育状态生活的师生。有学者说:"教学作为一种艺术,要把教学与师生间的感情交流以一种特殊的方式结合起来,使创造的成品富有一种美,使之令人'快乐、喜悦、迷醉'"。那么,我们的教育最应该给孩子带来什么? 每一位荔园教育人都在思考着……

　　课程不只是一本书,而是会对孩子的生命生长、价值取向、思想情感产生各种影响,生活中的一切都可能是课程。于是我们聚焦儿童发展的课程建设实践,开发出"暖记忆"课程体系,每周实施"走班制"的选修课、研究性学习校外实践活动、科艺节、读书节、体育嘉年华、"德育教育演出来"等极具特色的品牌活动,特色项目如:击剑、游泳、篮球、田径、街舞、合唱、舞蹈、弦乐、书法、科幻画、机器人、建筑模型、3D打印、木工等开展得如火如荼,有力地促进了学生的素养提升和全面发展。一位老教育家对自己的教育理想作这样的描述:"让学生身心舒展地生活着,毫无畏惧地尝试着,充满诗意地期待着,这才是教育应该给予的"。历时三年,荔园教育人做到了! 我们在"每一颗心都灿烂"的教育路上行走着,历代荔园人没有忘记我们出发时的目标,我们经历了童心教育哲学思想的建构,聚焦儿童发展的课程建设实践,最终形成了以"每一颗心都灿烂"为核心的办学思想体系,通过童化语文、灵动数学、童趣英语、磁性科学、活力体育、创意美术等课程建设,让孩子们在感受、体验、理解、创造生命之美好的一系列过程中,最终形成生命中的"暖记忆"。我希望在一群孩子中,大家一眼就能认出哪一个是荔园小学培养出来的,这些与荔园气质紧密契合的孩子,一定能推动黄埔这个区域的未来发展。

　　《荀子·权修》曰:"一年之计莫如树谷,十年之计莫如树木,终身之计莫如树人"。十年树木,年轮会记录下树木生长的长度;百年树人,荔园教育人通过不懈努力,建设一所充溢着童心味道的学校,让孩子拥有一个美好的梦想,让老师自由地发展,相信每一个闪耀的梦想,都会像太阳那样,照亮孩子幸福的前行之路——在荔园,发现不一样的自己。

广州市黄埔区荔园小学校长

刘玲萍

2022 年 10 月